PONS

Grammatik Englisch im Griff

von
Celia Blisset
Katherine Hallgarten

Ernst Klett Verlag
Stuttgart · Düsseldorf · Leipzig

PONS
Grammatik Englisch im Griff

von Celia Blisset und Katherine Hallgarten

Deutsche Bearbeitung
Bernd Kleinheyer

Dieses Werk ist inhaltlich identisch mit
Englische Grammatik im Griff, ISBN 3-12-560956-9.

1. Auflage A1 4 3 2 | 2003 2002 2001

Titel der Originalausgabe: First English Grammar

Internet: http://www.pons.de
e-mail: info@pons.de

Redaktion: Jochen Lohmeyer
Einbandgestaltung: Erwin Poell, Heidelberg;
Metzger & Schmidt (Designbüro MESCH), Mannheim
Druck: Druckerei zu Altenburg, Altenburg
Printed in Germany.
ISBN 3-12-560884-8

So benutzen Sie dieses Buch

Englische Grammatik im Griff ist ein Buch zum Nachschlagen, Lernen und Üben.

Sie sind der Typ des/der modernen Lernenden: mit wenig Zeit, aber einem hohen Bedarf an schnell zugänglichen und gut aufbereiteten Informationen. Wenn Sie bemerken, dass Sie bei bestimmten englischen Wörtern oder Sätzen immer wieder Schwierigkeiten haben, wollen Sie dieses Problem wahrscheinlich kurzfristig und gründlich beseitigen. Damit Sie rasch die richtige Stelle im Buch finden, besitzt diese Grammatik drei verschiedene Verzeichnisse, die Sie ans Ziel führen können:

- *Sie sind sich nicht mehr sicher, wie das Present Perfect funktioniert? Die wichtigsten Wörter und Begriffe haben Sie sofort über das* ***Inhaltsverzeichnis*** *im Griff.*
- *»Slow – slowly« – wo liegt eigentlich der Unterschied? Bestimmte Formen finden Sie leicht wieder im* ***Wegweiser*** *durch das Buch.*
- *»3. Form«, »unregelmäßig«, »zählbar«, »themselves« – wenn Sie sich über Sinn und Bedeutung eher seltener Begriffe oder Wörter nicht mehr im Klaren sind, hilft Ihnen der* ***Index*** *am Ende des Buchs.*

Typischer Aufbau eines Grammatikkapitels:

Hier können Sie die Sprache unter die Lupe nehmen: Sie sehen das Grammatikthema des Abschnitts im Satzzusammenhang und finden zur Sicherung der Bedeutung meist eine deutsche Übersetzung.

Hier erfahren Sie, wie Sie das Puzzle der Wörter richtig zusammensetzen: Tabellen zeigen Ihnen in knappen Übersichten die wichtigsten Formen/Endungen der Wörter und wie Sie sie richtig in Sätze einbauen.

Beispiele *Grammatik »verstehen« reicht nicht, man muss sie auch richtig anwenden können: Anhand typischer Sätze können Sie sich einprägen, wie und wann Sie ein Wort, eine bestimmte Form oder ein Satzmuster verwenden sollten.*

Achtung, hier folgen wichtige Hinweise: An dieser Stelle erhalten Sie Tips zu häufigen Missverständnissen und Schwierigkeiten, denen Sie beim Englischlernen begegnen.

Test Yourself *Wollen Sie sicher gehen, dass Sie das Wesentliche verstanden haben? 10 Tests zu den wichtigsten Grammatikkapiteln ermöglichen Ihnen eine schnelle Überprüfung Ihrer Kenntnisse.*

Grammatikbegriffe in der Übersicht

Die in diesem Buch verwendeten Begriffe sind durch Fettdruck hervorgehoben.

Englisch	*Deutsch*	*Lateinisch*
Adjective	Eigenschaftswort	**Adjektiv**
Adverb	Umstandswort	**Adverb**
Active	–	**Aktiv**
Article	**Artikel**	–
Conditional Sentences	**Bedingungssätze**	Konditionalsätze
Imperative	**Befehlsform**	Imperativ
Question Tags	**Frageanhängsel**	–
Pronoun	**Fürwort**	Pronomen
Nouns	**Hauptwörter**	Nomen
Auxiliaries	**Hilfsverben**	–
Reported Speech	**Indirekte Rede**	–
Infinitive	Grundform	**Infinitiv**
Conjunctions	Bindewörter	**Konjunktionen**
Consonants	**Mitlaute**	Konsonanten
Modals	**Modale Hilfsverben**	–
Object	Satzergänzung	**Objekt**
Passive	Leideform	**Passiv**
Past Continuous	Verlaufsform Vergangenheit	–
Past Simple	Einfache Vergangenheit	Imperfekt
Prepositions	Verhältniswörter	**Präpositionen**
Present Continuous	Verlaufsform Gegenwart	–
Present Simple	Einfache Gegenwart	Präsens
Present Perfect	Vollendete Gegenwart	Perfekt
Present Perfect Continuous	Verlaufsform vollendete Gegenwart	–
Vowels	**Selbstlaute**	Vokale
Subject	Satzgegenstand	**Subjekt**
Verb	Tätigkeitswort	**Verb**
Full Verb	**Vollverb**	–
Future	**Zukunft**	Futur

Inhaltsverzeichnis

Wegweiser durch das Buch

We **live** in Grange Road but we**'re looking** for a new flat.

Wie funktioniert das ***Present Simple****? Siehe S. 14.*
Was ist das ***Present Continuous?*** *Siehe S. 16.*

He **rang** while I **was watching** the news.

Das ***Past Simple****? Da gab es doch diese unregelmäßigen ... Siehe S. 20.*
Ein ***Past Continuous****? Siehe S. 22.*

Now I**'ve written** to her, but I**'ve been trying** to ring her for ages.

Present Perfect*? Das war doch ... Siehe S. 30.*
... sieht kompliziert aus: ***Present Perfect Continuous****? Mehr auf S. 32.*

I**'m going to write** tomorrow.
I**'ll write** tomorrow.
We **leave** at six tomorrow morning.
We**'re having** lunch in Oxford.

Zukunft*? Und dafür 4 Formen? Alle »Zukünfte« auf S. 38.*

Ask her **if** she needs any help.

Imperative*? Befehle? Aufforderungen? Ich dachte, Englisch sei so indirekt. Neue Erkenntnisse auf S. 54.*

If *– kleines Wort, viel Inhalt auf S. 50, 53.*

The new hospital **was opened** last year.

Total »passiv« ist hier alles, ***Passiv*** *siehe S. 47.*

What happened then?
Who told you?
Where does he live?

Noch Fragen? Fürs perfekte Verhör alle ***W-Fragen*** *auf S. 83.*

What **can** we do about it?
I **could** come tomorrow.
I **may** come – I'**m** not sure yet.
Take an umbrella, it **might** rain.
I **won't** be staying long but I'**ll** come.
I really **must** be going now.
You **ought** to see a doctor.
Do we **have to** book in advance?
Would you like a cup of tea?
They'**ve got** three children now.
I'**m not used to** such hot weather.
I **used to** live in Oxford.
It'**s** a lovely day, **isn't it**?

Was macht die Briten so höflich? Natürlich, die kleinen ***could***, ***would***, ***might*** *und wie sie alle heißen. Der vollständige Report über die* ***Hilfsverben*** *auf S. 9 – 13, 59 – 78.*

She's not **an** architect, she's **a** doctor.
He's **the** General Manager.

Der, die, das – ein, einer, eine, eines: ***Artikel*** *– aber nicht aus dem Warenhaus. Siehe S. 93 / 94.*

We've got **some** milk but we haven't got **any** sugar.

Bejaht oder verneint? ***Some*** *oder* ***any****? Antworten auf S. 99.*

My sister is taller than **me**.
The doctor **who** saw **me** was very helpful.

All die kleinen Platzhalter, ***Pronomen*** *genannt, siehe S. 107 – 110.*

I drive my **new** car much more **carefully**.

Careful *–* ***carefully****: Da gab's doch einen Unterschied!* ***Adjektiv*** *und* ***Adverb*** *siehe S. 103, 104.*

The chemist **in** New Street is open **from** 8 am **to** 10 pm.

Noch mehr kleine Wörtchen, ***Präpositionen*** *siehe S. 116.*

They have no car **because** transport in London is good.

Es kommt auf die »Verbindungen« an: ***Konjunktionen*** *siehe S. 124.*

Formen des Verbs

Wir benutzen in diesem Buch folgende Ausdrücke:

1. Form	*2. Form*	*3. Form*	
ask	asked	asked	*regelmäßiges Verb*
give	gave	given	*unregelmäßiges Verb*

We'd like everyone to **give** something.
Give her some flowers.
Most people **give** presents at Christmas.

1. Form, siehe S. 14, 54, 87.

My parents **gave** it to him.

2. Form, siehe S. 20.

Have you **given** your name to the secretary?
They asked us but we **had** already **given** something.
I **have** been **given** a free ticket.

3. Form, siehe S. 30, 34.

Giving is better than **taking**.
What **are** you **giving** her for her birthday?

***-ing**-Form, siehe S. 16, 22, 32, 86.*

Vollverben und Hilfsverben

Can I **help** you?
Are you **leaving**?
Where **do** you **come** from?

Es gibt zwei Arten von Verben: ***Can, are*** *(von* ***be****) und* ***do*** *sind Hilfsverben,* ***help, leave, come*** *sind Vollverben.*

Vollverben

He **left** London in 1985.
She **went** to Singapore in 1994.

Vollverben beschreiben Vorgänge. Sie haben üblicherweise vier verschiedene Formen: ***leave, leaves, left, leaving.***
Einige unregelmäßige Verben können fünf verschiedene Formen haben: ***go****,* ***goes****,* ***went****,* ***gone****,* ***going.***

Die meisten Verben sind Vollverben. Wie die Formen gebildet und benutzt werden, *siehe S. 14 – 49.*

Hilfsverben zum Bilden anderer Verbformen

They**'re looking** for a new flat.
Was he **watching** us?
I'**ve** never **eaten** passion fruit before.
We **hadn't taken** a map, so we got lost.
I **don't understand**.
Did you **come** by plane?

Die Hilfsverben ***be****,* ***have*** *und* ***do*** *werden benutzt, um Formen von Vollverben zu bilden.*
Zu den Formen von ***be (am, is, are, was, were, been, being)*** *siehe S. 59.*
Do (do, does, did, done, doing) *und* ***have (have, has, had, having)*** *sind manchmal Vollverb, manchmal Hilfsverb. Dazu und zu den Formen* *siehe S. 63 und S. 61.*

Modale Hilfsverben

Could I have your car this afternoon? – *Könnte ich dein Auto heute Nachmittag haben?*
You **must** see this film. – *Du musst dir diesen Film ansehen.*

can could may might will would
shall should must ought to

Diese Verben werden <u>nur</u> als Hilfsverben benutzt.

I **can't** tell you – it's a secret.
Nobody **could** tell me your phone number.
It **may** rain later.
We **might** go to Spain for our holidays this year.
When **will** we get to London?
What **would** you like for your birthday?
Shall I put the light on?
I think we **should** buy her a small present.
I **must** be going soon.

Die sogenannten »modalen« Hilfsverben können ausdrücken, dass man etwas »kann«, »konnte«, »könnte«, »darf«, »mag«, »wird«, »würde«, »soll«, »sollte«, »muss«, »musste« oder »müsste«.

Benutzung von Hilfsverben

He could drive.	He **couldn't** drive.
He drives.	He **doesn't** drive.

<u>zum Bilden der Verneinung:</u>
*Am Ende des Hilfsverbs wird **n't** hinzugefügt. Steht dort kein Hilfsverb, wird **do** benutzt.*

We should try to ring her.	**Should** we **try** to ring her?
He drives.	**Does** he **drive**?

<u>zum Bilden von Fragen:</u>
*Die Reihenfolge Person – Hilfsverb wird vertauscht. Steht dort kein Hilfsverb, wird **do** benutzt.*

It's a lovely day. He drives.	It's a lovely day, **isn't** it. He drives, **doesn't** he?	*<u>zum Bilden von Frageanhängseln:</u>* *Das Hilfsverb wird wieder aufgenommen. Steht dort kein Hilfsverb, wird* ***do*** *benutzt.*
Have you heard from Paul? – Yes, I **have**. Will Jill be there? – Yes, she **will**. Do you know where it is? – Yes, I **do**.	 – No, I **haven't**. – No, she **won't**. – No, I **don't**.	*<u>zum Bilden von Kurzantworten:</u>* *Das Hilfsverb wird wieder aufgenommen. Steht dort kein Hilfsverb, wird* ***do*** *benutzt.*
I've been there before. He was looking for you. She drives an old Fiat. We caught the early train.	– Oh, **have** you? – Oh, **was** he? – Oh, **does** she? – Oh, **did** you?	*<u>zum Signalisieren von Interesse:</u>* *Es wird das Hilfsverb aus dem vorangegangenen Satz benutzt. Steht dort kein Hilfsverb, wird* ***do*** *benutzt.*
I've been waiting 10 minutes. I **have** been waiting 10 minutes. I can come tomorrow. I **can** come tomorrow. I know they way. I **do** know the way. I waited more than an hour. I **did** wait more than an hour.		*<u>zum Betonen von Sachverhalten:</u>* *Das Hilfsverb wird betont. Steht dort kein Hilfsverb, wird* ***do*** *benutzt.*

Hilfsverben: Lang- und Kurzformen

England **is** still a long way from Europe. – *Langform*
My hair**'s** really long again. – *Kurzform*

Wichtige Lang- und Kurzformen:

be	
I **am** you **are** he **is**	I**'m** you**'re** he**'s**
I **am not** you **are not** she **is not**	I **'m not** you **aren't** **'re not** she **isn't** **'s not**

have	
she **has** we **have** they **had**	she**'s** we**'ve** they**'d**
he **has not** we **have not** they **had not**	he **hasn't** we **haven't** they **hadn't**

will	
I **will** I **will not**	I**'ll** I **won't**

do	
I **do not** he **does not** we **did not**	I **don't** he **doesn't** we **didn't**

would	
they **would** they **would not**	they**'d** they **wouldn't**

Beispiele: Langformen

I **am** planning to be in London next week.
I **am** sorry.

Are you going? – Yes, I **am**.

Langformen werden benutzt
- *in der Schriftsprache*
- *wenn man in gesprochener Sprache etwas betont*
- *in Fragen und Kurzantworten*

Beispiele: Kurzformen

I**'m** sorry.

Dear Bernie, I**'ve** wanted to write to you...

Kurzformen werden benutzt
- *in der gesprochenen Sprache*
- *in Briefen an Freunde*

It**'s** raining. = It **is** raining.
She**'s** waiting. = She **is** waiting.

He**'s** remembered. = He **has** remembered.
Jack**'s** taken it. = Jack **has** taken it.

***'s** kann also **is** oder **has** bedeuten.*

He**'d** already gone. = He **had** already gone.
Who**'d** told you. = Who **had** told you?

I**'d** like to go. = I **would** like to go.
They**'d** never believe you. = They **would** never believe you.

*Ebenso kann **'d** entweder **had** oder **would** bedeuten.*

Present Simple

I **come** from Jamaica. – *Ich komme aus Jamaica.*
John **like**s ice-cream. – *John mag gern Eis.*

Aussage

I / we / you they	like **don't like**
he / she / it	likes **doesn't like**

*Das Present Simple wird mit der 1. Form des Verbs gebildet. Nur bei **he**/ **she** / **it** oder entsprechenden Personen und Sachen (sogenannte 3. Person) wird ein **-s** angehängt. Verneinte Sätze werden durch Hinzufügen von **don't** bzw. **doesn't** gebildet. Daneben tritt die 1. Form. Sie wird nicht verändert.*

Frage

Do	I / we / you / they	like?
Does	he / she / it	

*Zur Bildung eines Fragesatzes tritt vor die Person **do** bzw. **does**. Die 1. Form bleibt unverändert.*

Kurzantwort

Yes,	I / we / you / they	do.
	he / she / it	does.
No,	I / we / you / they	**don't**.
	he / she / it	**doesn't**.

*Auf Fragen antwortet man normalerweise nicht nur mit »ja« oder »nein«, sondern in Sätzen. **Do** oder **does** wird in ihnen wieder aufgenommen und evtl. verneint.*

Beispiele

I usually **get up** about seven.

Does Tony **drive** to work?
– No, he **cycles**.

The football season usually **starts** in August.

Regelmäßig wiederkehrende Handlungen oder Ereignisse

I **like** tea but I **don't like** milk in it.
What **does** this sign **mean** please?
The River Danube **flows** through Vienna.

Tatsachen

Next Monday **is** a national holiday.
Classes **begin** next week.

Zukünftige Ereignisse sind schon bekannt oder sicher.

I **don't want** to go out this evening.
I'm sorry I **don't understand**.

Es werden Gedanken und Gefühle ausgedrückt.

→ *Zum Unterschied zwischen Present Simple und Present Continuous siehe S. 44.*

Present Continuous

Sh, I'**m listening**. – *Pst, ich höre gerade zu.*
She'**s talking** to him on the phone. – *Sie telefoniert gerade mit ihm.*

Aussage

I	'm **'m not**	talking
he she / it	's **'s not / isn't**	
we you/they	're **'re not / aren't**	

Das Present Continuous wird so gebildet: Man hängt an die 1. Form ein ***-ing*** *und setzt davor die passende Form von* ***to be*** *(siehe S. 59).*
're not *ist häufiger als* ***aren't****.*

Frage

Am	I	talking?
Is	he / she / it	
Are	we / you / they	

Das Hilfsverb wird an den Satzanfang gestellt.

Kurzantwort

Yes,	I	am.
	he / she / it	is.
	we / you / they	are.
No,	I	**'m not**.
	he / she / it	**isn't**.
	we / you / they	**aren't**.

Das Hilfsverb der Frage wird wieder aufgenommen und eventuell verneint.

Beispiele

Look, Mary**'s getting** into that car.
I**'m not looking forward** to the interview.
Who**'s** Katy **talking** to?

Die Handlung läuft im Augenblick ab.

They**'re building** a block of flats over there.
We**'re looking for** a new house.
Excuse me, **is** anyone **sitting** here, please?
I**'m looking after** my friend's cat this week.

Die Aussage trifft nur momentan oder vorübergehend zu.

Karim**'s working** on night shift next week.
When **are they flying** to India?

Are you **coming** to the party on Saturday?
– No, I**'m not** as a matter of fact.

Etwas ist für die Zukunft geplant.

Test Yourself

1. Erkennen

Tragen Sie die Formen von Present Simple und Present Continuous ein, die Sie hier finden.

Interviewer:	I'm sure you get a lot of rain in the rainy season.
Mr Singh:	Well, we often have floods, but this year it's different. The farmers are waiting for rain.
Interviewer:	So they usually don't do any work during the rainy season.
Mr Singh:	Not much, usually, but again, everything is going differently this year, they are all watering the rice fields...
Interviewer:	So we wish you lots of rain. Thank you for the interview.

Present Simple	*Present Continuous*
'm ________________	________________
________________	________________
________________	________________

2. Kombinieren

Finden Sie die passende Antwort.

Do you like green tea?	Yes, it does.
Does Tony drive to work?	No, he doesn't.
Are you coming to the party on Saturday?	Yes, I do.
Do they want to go out tonight?	Yes, they do.
Is Karim working all night?	Yes, he is.
Does the Clyde flow through Glasgow?	No, I'm not.

3. Umformen

Schreiben Sie die verneinte oder bejahte Version dieser Sätze auf.

I want to go out this evening.

I don't want to go out this evening.

The football season starts in August.

____

Flight 105 stops at London Gatwick on its way to Dublin.

____

The farmers do much work during the rainy season.

____

I'm not looking forward to the interview.

____

Katy's not talking to her brother, she's speaking to her boyfriend.

____

Lösungen

1. Present Simple: 'm, get, have, 's, don't do, wish, thank
Present Continuous: are waiting for, is going, are watering

2. Do you like green tea? – Yes, I do.
Does Tony drive to work? – No, he doesn't.
Are you coming to the party on Saturday? – No, I'm not.
Do they want to go out tonight? – Yes, they do.
Is Karim working all night? – Yes, he is.
Does the Clyde flow through Glasgow? – Yes, it does.

3. – I don't want to go out this evening.
– The football season doesn't start in August.
– Flight 105 doesn't stop at London Gatwick on its way to Dublin.
– The farmers don't do much work during the rainy season.
– I'm looking forward to the interview.
– Katy's talking to her brother, she's not speaking to her boyfriend.

Past Simple

I **booked** two hotel rooms last week. – *Letzte Woche habe ich zwei Hotelzimmer gebucht.*
John **came** to visit her in December. – *John kam sie im Dezember besuchen.*
She **told** me you **liked** spaghetti. – *Sie sagte mir, du magst Spaghetti.*

Aussage

I he / she / it we / you / they	walked
	didn't walk

So wird die Vergangenheitsform Past Simple gebildet:
*An die 1. Form wird ein **-ed** angehängt. Dadurch erhält man die 2. Form.*
*Die Verneinung wird mit **didn't** und der 1. Form gebildet.*
*Eine Liste mit »unregelmäßigen Verben«, deren 2. Form nicht einheitlich mit **-ed** gebildet wird, finden Sie auf S. 24.*

Frage

Did	I he / she / it we / you / they	walk?

*Wie auch in anderen Zeiten werden Fragen mit einem Hilfsverb gebildet. **Did** ist die Vergangenheitsform von **do/does**.*
Das Verb steht in der 1. Form.

Kurzantwort

Yes,	I he / she / it we / you / they	did.
No,	I he / she / it we / you / they	**didn't**.

*In der Kurzantwort wird das **did** der Frage noch einmal aufgenommen.*

Beispiele

Stefan **wanted** to catch the early train but he **missed** it.
I **told** you it started at 7 o'clock. I **knew** it did.

Where **did** you **go** last night?
– We **went** to the pub for a drink.

Did you **lock** the door?
– Yes, I **did**, don't worry.

Mit dem Past Simple berichtet man über abgeschlossene Vorgänge. Man hat die Zeit des Geschehens vor seinem »geistigen Auge«.

They **told** me I **needed** new glasses.

Why **didn't** you **tell** him?
– He **said** he **knew** about it already.

Das Past Simple wird auch benutzt, um wiederzugeben, was jemand gesagt hat. Im Deutschen benutzen wir meist Formen wie »bräuchte«, »wüsste«, »könnte« oder die Gegenwart.

→ *Zum Unterschied zwischen Past Simple und Present Perfect siehe S. 46.*

Past Continuous

I **was sitting** there **waiting** for you. – *Ich habe die ganze Zeit da gesessen und auf dich gewartet.*
At that time I **was playing** tennis. – *Zu diesem Zeitpunkt spielte ich gerade Tennis.*

Aussage

I he / she / it	was **wasn't**	waiting
we / you they	were **weren't**	

*Das Past Continuous wird so gebildet: An das Verb wird **-ing** angehängt, davor tritt **was** bzw. **were**.*

Frage

Was	I / he / she / it	waiting?
Were	we / you / they	

*Für die Bildung der Frageform wird nur die Reihenfolge verändert: **Was** oder **were** kommen an den Anfang.*

Kurzantwort

Yes,	I he / she / it	was.
	we / you / they	were.
No,	I he / she / it	**wasn't**.
	you / we / they	**weren't**.

*Das **was** oder **were** aus der Frage wird in der Antwort wiederholt.*

Beispiele

We **were working** all afternoon yesterday.

Die Dauer der Handlung wird betont.

I **was watching** the News when you rang.

What **were** you **doing** when you heard the crash?
– I **was getting** dressed.

Tätigkeiten, die zu einem bestimmten Moment in der Vergangenheit im Gange waren

We got married while we **were living** in New York.

Were they **waiting** when you got here?
– No, they **weren't**.

Oft steht die längere Handlung im Past Continuous, die kürzere im Past Simple.

Unregelmäßige Verben

erste Form	zweite Form	dritte Form	
be	was, were	been	sein
beat	beat	beaten	schlagen
become	became	become	werden
begin	began	begun	beginnen
bend	bent	bent	biegen
bite	bit	bitten	beißen
blow	blew	blown	blasen, pusten, wehen
break	broke	broken	(zer)brechen
bring	brought	brought	bringen
build	built	built	bauen
buy	bought	bought	kaufen
catch	caught	caught	fangen
choose	chose	chosen	wählen, auswählen
come	came	come	kommen
cost	cost	cost	kosten (Geld)
cut	cut	cut	schneiden
do	did	done	tun
draw	drew	drawn	zeichnen
drink	drank	drunk	trinken
drive	drove	driven	fahren
eat	ate	eaten	essen
fall	fell	fallen	fallen
feed	fed	fed	füttern
feel	felt	felt	fühlen
fight	fought	fought	kämpfen
find	found	found	finden
fly	flew	flown	fliegen
forget	forgot	forgotten	vergessen
forgive	forgave	forgiven	vergeben
freeze	froze	frozen	frieren, erfrieren
get	got	got	bekommen u.a.
give	gave	given	geben
go	went	gone	gehen
grow	grew	grown	wachsen

have	had	had
hear	heard	heard
hide	hid	hidden
hit	hit	hit
hold	held	held
hurt	hurt	hurt
keep	kept	kept
know	knew	known
lend	lent	lent
leave	left	left
let	let	let
light	lit	lit
lose	lost	lost
make	made	made
mean	meant	meant
meet	met	met
pay	paid	paid
put	put	put
ride	rode	ridden
read	read	read
ring	rang	rung
run	ran	run
say	said	said
see	saw	seen
sell	sold	sold
send	sent	sent
set	set	set
shake	shook	shaken
shine	shone	shone
shoot	shot	shot
show	showed	shown
shrink	shrank	shrunk
shut	shut	shut
sing	sang	sung
sit	sat	sat
sleep	slept	slept
speak	spoke	spoken
spend	spent	spent
split	split	split
spoil	spoilt	spoilt

stand	stood	stood
steal	stole	stolen
stick	stuck	stuck
take	took	taken
teach	taught	taught
tear	tore	torn
tell	told	told
think	thought	thought
throw	threw	thrown
understand	understood	understood
wake	woke	woken
wear	wore	worn
win	won	won
write	wrote	written

Einige Verben haben zwei Schreibweisen:

burn	burned / burnt	burned / burnt
smell	smelled / smelt	smelled / smelt

Diese zwei Schreibweisen sind möglich bei:

burn dream smell spell learn spill

Hier zum leichteren Lernen die gleichen Formen in Gruppen:

Alle drei Formen gleich:

cost	cost	cost
cut	cut	cut
hit	hit	hit
hurt	hurt	hurt
let	let	let
put	put	put
set	set	set
shut	shut	shut
split	split	split

Ähnlich klingende Gruppen:

beat	beat	beaten
bite	bit	bitten
eat	ate	eaten
fall	fell	fallen
forget	forgot	forgotten
forgive	forgave	forgiven
give	gave	given
hide	hid	hidden
shake	shook	shaken
take	took	taken
tear	tore	torn
wear	wore	worn
blow	blew	blown
fly	flew	flown
grow	grew	grown
know	knew	known
throw	threw	thrown
draw	drew	drawn
begin	began	begun
drink	drank	drunk
ring	rang	rung
sing	sang	sung
shrink	shrank	shrunk
freeze	froze	frozen
speak	spoke	spoken
steal	stole	stolen
break	broke	broken
wake	woke	woken
choose	chose	chosen
drive	drove	driven
write	wrote	written
ride	rode	ridden

Zweite und dritte Form gleich:		
bend	bent	bent
build	built	built
feel	felt	felt
keep	kept	kept
leave	left	left
light	lit	lit
lend	lent	lent
mean	meant	meant
meet	met	met
send	sent	sent
shoot	shot	shot
sleep	slept	slept
spend	spent	spent
spoil	spoilt	spoilt
get	got	got
lose	lost	lost
sit	sat	sat
bring	brought	brought
buy	bought	bought
fight	fought	fought
think	thought	thought
catch	caught	caught
teach	taught	taught
feed	fed	fed
find	found	found
have	had	had
hear	heard	heard
hold	held	held
make	made	made
pay	paid	paid
read	read	read
say	said	said
sell	sold	sold
stand	stood	stood

understand	understood	understood
tell	told	told
stick	stuck	stuck
win	won	won
shine	shone	shone

Erste und dritte Form gleich:

become	became	become
come	came	come
run	ran	run

Alle drei Formen unterschiedlich:

be	was	been
do	did	done
go	went	gone
see	saw	seen
show	showed	shown

Present Perfect

The match **has** just **started**. – *Das Spiel hat gerade angefangen.*
What **have** you **done** to your hair! – *Was hast du nur mit deinen Haaren gemacht!*

Aussage

<table>
<tr><td>I / we
you / they</td><td>have ('ve)
haven't</td><td rowspan="2">gone</td></tr>
<tr><td>he / she
it</td><td>has ('s)
hasn't</td></tr>
</table>

*Das Present Perfect wird so gebildet: Zu **have** oder **has** tritt die dritte Form des Verbs. Bei regelmäßigen Formen wird sie durch Anhängen von **-ed** gebildet. Die unregelmäßigen Formen finden sich in der Tabelle auf S. 24.*

Frage

<table>
<tr><td>Have</td><td>I
we / you / they</td><td rowspan="2">gone?</td></tr>
<tr><td>Has</td><td>he / she / it</td></tr>
</table>

*Es wird nur die Reihenfolge verändert: **Have**/**has** steht am Anfang.*

Kurzantwort

<table>
<tr><td rowspan="2">Yes,</td><td>I / we / you / they</td><td>have.</td></tr>
<tr><td>he / she / it</td><td>has.</td></tr>
<tr><td rowspan="2">No,</td><td>I / we / you / they</td><td>haven't.</td></tr>
<tr><td>he / she / it</td><td>hasn't.</td></tr>
</table>

*Das **have** oder **has** aus der Frage wird noch einmal aufgenommen.*

Beispiele

He **has played** 125 matches this season.
We **haven't seen** Tom for a long time.
I'**ve** never **heard** that before.

Has Paula **taken** her driving test yet?
– No, she **hasn't**.

*Der Zeitraum oder die Tätigkeit sind nicht abgeschlossen (**this season, for a long time, never**) oder der Zeitpunkt interessiert im Moment nicht. Wichtig ist im Augenblick, ob Paula den Test bestanden hat, nicht wann.*

Have you ever **been** to the Tower of London?
– Yes, but I **haven't been** there for twenty years!

*Hier sind Zeitraum oder Zeitpunkt unbestimmt. Deshalb wird das Wort **ever** (jemals, schon einmal) häufig bei Fragen im Present Perfect benutzt.*

John **has come** back, I'**ve** already **seen** him.
I **met** him yesterday.

*Sobald der Zeitpunkt in der Vergangenheit interessant wird (**yesterday, last week**), steht das **Past Simple**, nicht das **Present Perfect**.*

→ *Zum Unterschied zwischen Present Perfect und Past Simple siehe S. 46.*

Present Perfect Continuous

She**'s been learning** English for years. – *Sie <u>lernt</u> schon jahrelang Englisch.*

Aussage

I / we you / they	have **haven't**	been waiting
he / she it	has **hasn't**	

Die Verlaufsform des Present Perfect wird so gebildet:
*Zu **have been** oder **has been** tritt die 1. Form mit angehängtem **-ing**.*

Frage

Have	I / we you / they	been waiting?
Has	he / she it	

*Zur Bildung der Frageform tritt **have** oder **has** an den Anfang des Satzes.*

Kurzantwort

Yes,	I / we you / they	have.
	he / she / it	has.
No,	I / we you / they	**haven't**.
	he / she / it	**hasn't**.

*In den Kurzantworten wird **have** oder **has** noch einmal aufgenommen.*

Beispiele

Have you **been waiting** long?
How long **have you been learning** English?
I'**ve been thinking** of your children.
Carmen **hasn't been feeling** too well this week.

Why **are** you **crying**?
– I'**ve been chopping** onions.

You don't look surprised.
– I'm not. I'**ve been expecting** this to happen.

Sprecher oder Sprecherin betonen die Dauer einer Handlung (bis zur Gegenwart). In solchen Sätzen steht im Deutschen oft die Gegenwart und das Wort »schon«, z.B.: »Wie lange wartest du schon?«

Past Perfect

John **had** already **arrived** when I got to the station. –
John war schon angekommen, als ich zum Bahnhof kam.

I **had written** the letter before you phoned. –
Ich hatte den Brief geschrieben, bevor du anriefst.

Aussage

I / you he / she / it we / they	had ('d) **hadn't**	written

*Neben **had** tritt die 3. Form. Ist diese regelmäßig, wird **-ed** an die Grundform angehängt. Unregelmäßige Formen können in der Tabelle auf S. 24 nachgesehen werden.*

Frage

Had	I / you he / she / it we / they	written?

*Bei der Frageform rückt **had** an den Anfang des Satzes.*

Kurzantwort

Yes,	I / you he / she / it we / they	had.
No,	I / you he / she / it we / they	**hadn't**.

*Das **had** aus der Frage wird noch einmal aufgenommen.*

Beispiele

He got the job because he**'d worked** in Europe.
I **hadn't met** him until the meeting last week.
She**'d** never **seen** snow until she came to England.
We**'d finished** by twelve o'clock.

Das Past Perfect drückt aus, dass der eine Vorgang oder Zustand weiter in der Vergangenheit zurückliegt als der andere. ***He'd worked in Europe*** *liegt also zeitlich vor* ***he got the job****.*

Test Yourself

1. Erkennen

Tragen Sie die Formen des Past Simple, Past Continuous und des Present Perfect ein, die Sie im Text finden.

Dear Mike and Jenny,

"We have wanted to go to America for years. This year is the time!" we said. So we went. The camper was waiting for us at L.A. airport, we picked up the key and drove off. The desert stretched out for miles and nobody was coming the other way. Have you been to a desert yet? It was a real experience for us.

Have your plans for Canada worked out? We've heard a lot about it here. We met two Swiss girls in San Diego, they were coming from the North. See you soon,

Trevor and Joyce

Past Simple:

____

Past Continuous:

____

Present Perfect:

have wanted, ________________________________

2. Erinnern

Setzen Sie die fehlenden Formen ein.

1. Form	2. (Past Simple)	3. Form
give	________	________
________	walked	________
________	________	done

1. Form	2. Form (Past Simple)	3. Form
start		
	took	
		gone
ask		
say		
	told	
study		
know		known
	saw	

3. Einsetzen

Past Simple oder Present Perfect? Setzen Sie die richtigen Formen ein.

We ___came___ back at about 1 o'clock last night. (come)

Where is David? It's 10 o'clock and I ________ not ________ him this morning. (see)

We ________ to London before. (be)

I ________ school in 1980. (finish)

Ladies and Gentlemen, we ________ just ________ at Heathrow airport. (to land)

She ________ working for the company a year ago. (start)

Lösungen

1. Past Simple: said, went, picked up, drove off, stretched out, was, met
Past Continuous: was waiting, was coming, were coming
Present Perfect: have wanted, have been, have worked out, 've heard

2. give – gave – given, walk – walked – walked, do – did – done, start – started – started, take – took – taken, go – went – gone, ask – asked – asked, say – said – said, tell – told – told, study – studied – studied, know – knew – known, see – saw – seen

3. came, have not seen, have been, finished, have just landed, started

Zukunft

We**'re going to leave** at 7 o'clock. *Zukunft mit **going to***
We**'ll leave** at 7 o'clock. *Zukunft mit **will***
We**'re leaving** at 7 o'clock. *Zukunft mit **Present Continuous***
We **leave** at 7 o'clock. *Zukunft mit **Present Simple***

Die Zukunft kann auf mehrere Arten ausgedrückt werden. Alle vier Sätze sind korrekt. Sie schildern die gleichen Tatsachen. Der Unterschied: Die Sprechenden sehen unterschiedliche Gründe, warum das Ereignis stattfinden wird.
Im Deutschen wird die Zukunft oft auch einfach mit der Gegenwart ausgedrückt: Ich fahre morgen in Urlaub.

Zukunft mit going to

I'm **going to give up** smoking. – *Ich werde mit dem Rauchen aufhören.*

Aussage

I	'm **'m not**	going to leave
we you they	're **'re not** **(aren't)**	
he she it	**'s not** **(isn't)**	

*Zu der jeweiligen Form von **to be** (**am**, **are**, **is**) tritt **going to** und die 1. Form des Verbs.*

Frage

Am	I	going to leave?
Are	we / you they	
Is	he / she it	

*In der Frageform wandern **am**, **are** oder **is** an den Anfang des Satzes.*

Kurzantwort

Yes,	I	am.
	he / she it	is.
	we / you they	are.
No,	I	**'m not**.
	we / you they	**'re not**. **(aren't)**.
	he / she it	**'s not**. **(isn't)**.

***Am**, **are** oder **is** werden in den Antworten wieder aufgenommen.*

Beispiele

Oh dear, I**'m going to sneeze**.
Look at those clouds – it**'s going to rain**.

Es gibt im Augenblick Anzeichen für das, was passieren wird, z.B. ein Kitzeln in der Nase oder bedeckten Himmel.

She**'s going to change** her job.
What **are** you **going to do** this evening?
– I**'m going to watch** the film on TV.

Es wurde schon ein Entschluss darüber gefasst, was passieren soll.

Zukunft mit will

I'll just **get** my jacket, I **won't be** long. – *Ich hole nur meine Jacke, es dauert nicht lang.*

Aussage

I / you he / she / it we / they	will ('ll) **won't**	stay

__Will__ wird vor die 1. Form gesetzt.

Frage

Will	I / you he / she / it we / they	stay?

__Will__ tritt an den Anfang des Satzes.

Kurzantwort

Yes,	I / you he / she / it we / they	will.
No,	I / you he / she / it we / they	**won't**.

In der Kurzantwort wird __will__ wieder aufgenommen.

Beispiele

On the fast train they**'ll arrive** at 8 o'clock.
It looks as if it**'ll be** a nice weekend.
There **won't be** a Christmas party this year.

Man ist sicher, dass ein Ereignis eintreten wird.

I'm tired. I think **I'll go** to bed.

Will Maria **be** back soon?
– No, she **won't be** back today,
but she**'ll be** here all day tomorrow.

What **will** he **do**?

When **will** you **get** your results?
– I **won't know** before the end of August.

*Die Zukunft mit **will** drückt hier eine Meinung oder spontane Entscheidung über Zukünftiges im Moment des Sprechens aus. Es besteht also keine vorgefasste Absicht.*

Zukunft mit Present Continuous

I**'m playing** tennis on Saturday. – *Am Samstag spiele ich Tennis.*

Beispiele

What time **are** you **leaving** tomorrow?
– We**'re getting** the 6.50 train.
I**'m working** late every evening next week.
They**'re going** out this evening.

Das Present Continuous dient hier dazu, ein Vorhaben oder eine Vereinbarung zu äußern.

Zukunft mit Present Simple

The Cup Final **is** on May 17th this year. – *Das Pokalfinale ist dieses Jahr am 17. Mai.*

Beispiele

My birthday **is** on a Wednesday this year.
Christmas Day **falls** on a Sunday this year.
Ramadan **ends** in two weeks time.

Das Ereignis steht fest. Die Grundlage ist der Kalender oder ein offizieller Zeitplan. Man kann das Datum nachlesen.

Ein Wort zu den Regeln: Sie haben sich die verschiedenen Formen für die Zukunft angesehen. Verwirrend? Nun, Sie fahren gut damit, wenn Sie sich vor allem die Beispiele merken, sie sind wichtiger als die Regeln. Diese können Sie ohnehin nicht auswendig lernen und dann über Nacht anwenden. Aber eines versichern wir Ihnen: Je mehr »echtes« Englisch Sie hören und lesen, umso besser werden sie »in Zukunft« im Bilde sein. Gedulden Sie sich; auch wenn Ihnen hier Fehler unterlaufen, wird man Sie verstehen.

Test Yourself

1. Erkennen

Erkennen Sie die Form? Tragen Sie bei jedem Satz ein, welche der vier Zeiten gerade benutzt wird.

a) Zukunft mit Present Simple
b) Zukunft mit ***will***
c) Zukunft mit ***going to***
d) Zukunft mit Present Continuous

__a__ Easter Sunday is on April 7th.

______ We're going to the match tomorrow.

______ Sheila is going to give up smoking.

______ The train leaves at 7.48.

______ What are you going to do about your house?

______ I hope you'll remember it.

2. Erklären

Erklären Sie mit a) – d), warum die Zukunft mit ***will*** *oder mit* ***going to*** *steht.*

a) Zukunft mit ***will****, weil spontane Entscheidung*
b) Zukunft mit ***will****, weil Voraussage*
c) Zukunft mit ***going to****, weil vorgefasste Absicht*
d) Zukunft mit ***going to****, weil eindeutige Anzeichen*

______ We will get to Paris before 10 o'clock.

______ The sky is blue. It's going to be hot today.

______ They're going to buy better computers.

______ Is that the phone? All right, I'll answer it.

______ We're going to move out of town, it's certain now.

______ Most of England will be dry and sunny tomorrow.

3. Einsetzen

Setzen Sie die richtigen Zukunftsformen mit ***going to*** *oder mit* ***will*** *ein.*

I think I ______________ go to bed now.

I ______________ stay with friends in New York.

I don't know what time the flight is. I ______________ know next Friday.

Look at those clouds – it ______________ snow.

Oh you're back from holiday? Then I ______________ come and see you some time.

It ______________ be difficult for me to say no.

Lösungen

1. a, d, c, a, c, b

2. b, d, c, a, c, b

3. 'll go, 'm going to stay, 'll know, 's going to snow, 'll come, will be/'s going to be

Present Continuous oder Present Simple?

Noch einmal: Erklärungen sind gut und schön, Beispiele nützen Ihnen hier aber mehr. Und die kommen ja nicht nur aus Büchern, sondern aus dem »echten« Leben. Haben Sie ein wenig Geduld. Wenn Sie etwas mehr »echtes« Englisch gehört oder gelesen haben, kommt das Verständnis von selbst.

Present Continuous

I usually drive to work, but **I'm walking** while the weather is so nice.

Es handelt sich um einen Zeitraum oder begrenzten Zeitraum.

Present Simple

Das Present Simple wird dagegen benutzt, wenn der Zeitraum der Handlung für die Sprechenden nicht begrenzt ist. Es kann sich handeln um ...

The journey **takes** about three hours. — *eine allgemeine Aussage*

Water **boils** at 100° C. — *etwas, das immer gilt*

Where do you **come** from? — *einen unbegrenzten Zeitraum*

I **promise** I won't tell anyone. — *einen Zeitpunkt*

Manchmal sind beide Zeiten möglich, sie geben den Sätzen aber unterschiedliche Bedeutungen.

I **work** in a hospital. — *regelmäßige Beschäftigung; ich möchte nicht wechseln*

▼▲

I'm working in a hospital. — *vorübergehende Beschäftigung; ich werde demnächst wechseln*

Where **do** you **live**?

▼
▲

Where **are** you **living**?

Frage nach dem ständigen Wohnsitz

▷◁

Frage an einen Besucher nach dem vorübergehenden Aufenthaltsort

Where **do** you **go** for your holidays?

▼
▲

Where **are** you **going** for your holidays?

normalerweise, im Allgemeinen

▷◁

in diesem Jahr, im speziellen Fall

I**'m not feeling** very well.
I **don't feel** very well.

Manchmal ist der Unterschied so gering, dass man beide Formen gleichermaßen verwenden kann.

Past Simple oder Present Perfect?

Man kann über die Vergangenheit auf zwei Arten reden:

Past Simple: Etwas ist »damals« passiert. Es interessiert die Tatsache, dass eine Handlung abgeschlossen ist oder wann dies geschah.

Present Perfect: Etwas passierte »irgendwann« oder »bis jetzt«. Die Tatsache, wann es geschah, interessiert nicht. Handlung und Zustand sind manchmal nicht abgeschlossen.

I first **met** John three years ago. — *Man denkt an Situation und Zeitpunkt des ersten Treffens.*

⧗

I**'ve known** John for three years. — *Man betont die Dauer der Bekanntschaft und die Tatsache, dass diese noch nicht beendet ist.*

Die beiden Beispiele schildern ähnliche Tatsachen. Beide Sätze sind korrekt. Den Sprechenden kommt es aber auf unterschiedliche Gesichtspunkte an.

I **haven't seen** David this morning. — *nicht abgeschlossen, denn es ist noch Morgen*

⧗

I **didn't see** David this morning. — ▷◁ *abgeschlossen, denn es ist nicht mehr Morgen*

⧗

I **haven't seen** David yet. — ▷◁ *noch nicht, bis jetzt, also nicht abgeschlossen*

Yes, I **lived** there when I was a child. — *Ich denke an die Zeit, als ich dort gelebt habe.*

⧗

Yes, I**'ve lived** there actually. — ▷◁ *Ich will mitteilen, dass ich dort gelebt habe. Wann dies war, interessiert in diesem Moment nicht.*

Im Deutschen benutzen wir »lebte«/»habe gelebt« oder »war«/»bin gewesen« häufig ohne Bedeutungsunterschied.

Passiv

The house **was built** in 1910. – *Das Haus wurde 1910 erbaut.*
The order **will be sent** by express delivery. – *Die Bestellung wird per Express versandt (werden).*

Present Simple

Aussage

I	am ('m) **'m not**	
he / she it	is ('s) **isn't**	asked
we / you they	are ('re) **aren't**	

*Zu der passenden Present Simple-Form von **to be** tritt die 3. Form des Verbs.*

Frage

Am	I	
Is	he / she it	asked?
Are	we / you they	

*Die Hilfsverben **am**, **is**, **are** werden an den Satzanfang gestellt.*

Past Simple

Aussage

I / he she / it	was **wasn't**	asked
we / you they	were **weren't**	

Sie verwenden die passende Past Simple-Form von ***to be*** *und die 3. Form des Verbs.*

Frage

Was	I / he she / it	asked?
Were	we / you they	

Die Hilfsverben ***was/ were*** *werden an den Satzanfang gestellt.*

Present Perfect

Aussage

I / you we / they	have **haven't**	been asked
he / she it	has **hasn't**	

Das Passiv des Present Perfect wird aus der entsprechenden Form von ***to be*** *und der 3. Form des Verbs gebildet.*

Frage

Have	I / you we / they	been asked?
Has	he / she / it	

Have/has *tritt an den Satzanfang,* ***been*** *bleibt beim Verb.*

Kurzantworten

Were they **made** in India?
– Yes, they **were**.

Have you **been offered** the job?
– No, I **haven't**.

*Auf Passivfragen antwortet man mit Kurzantworten wie in den Zeitformen des Aktivs (vgl. S. 14 ff). Das jeweilige Hilfsverb (hier **were**, **have**) wird also wieder aufgenommen.*

Beispiele

It **was opened** by the Queen last year.
They **had been damaged** by water.
Have you **been invited** to the wedding?
Your order **will be sent** by express delivery.

*Das Passiv gibt es in allen Zeitformen. Es wird meist in Zeitungen, Büchern oder Anleitungen, also in der Schriftsprache verwendet. Passivsätze geben Auskünfte auf spezielle Art und Weise. Wird der Verursacher genannt, benutzt man **by**.*

A thief stole my car.

*In <u>Aktivsätzen</u> erfahren Sie oft aus der Stellung der Wörter, wer etwas getan hat (**a thief**), und danach, was er/sie getan hat (**stole my car**).*

My car **was stolen**.
The thief **was seen** by a policeman.

*Bei <u>Passivsätzen</u> ist es anders: Sie erfahren nicht immer, wer etwas getan hat. Der Satz handelt aber trotzdem von den Wörtern, die am Anfang stehen (**My car, The thief**). Der Rest des Passivsatzes liefert dann Informationen über diese.*

Das Passiv wird oft benutzt ...

The parcel **was sent** over a week ago.

– wenn wir nicht wissen, wer etwas getan hat.

He **was killed** in a storm.

– wenn unwichtig ist, wer etwas getan hat.

Coca Cola **is drunk** all over the world.

– in ganz allgemeinen Aussagen

Shakespeare wrote Macbeth in 1606.

Hier geht es um Shakespeare.

"Macbeth" **was written** in 1606.

Hier geht es um »Macbeth«.

Bedingungssätze

If I go to bed late, I can't get up in the morning. – *Wenn ich spät ins Bett gehe (= Bedingung), kann ich morgens nicht aufstehen (= Folge).*
I can't get up in the morning **if** I go to bed late. – *Ich kann morgens nicht aufstehen (= Folge), wenn ich spät ins Bett gehe (= Bedingung).*

If she worked harder, she'd pass. – *Wenn sie mehr arbeiten würde (= Bedingung), würde sie die Prüfung bestehen (= Folge).*
She'd pass **if** she worked harder. – *Sie würde die Prüfung bestehen (= Folge), wenn sie mehr arbeiten würde (= Bedingung).*

*In **if**-Sätzen ist die Rede von Bedingungen (Nebensatz, immer eingeleitet durch **if** = falls, wenn) und was aus ihnen folgt (Hauptsatz). Ohne Bedeutungsveränderung kann der **if**-Satz vor oder hinter dem Hauptsatz stehen. Auf diesen zwei Seiten finden Sie die häufigsten Arten von **if**-Sätzen.*

---

1. Allgemeingültige Bedingung

Present Simple		Present Simple
He **gets** angry	**if**	you **argue** with him.
How long **does** the milk keep		you **haven't** got a fridge?

*»Er wird wütend, wenn man ihm widerspricht.« → Man macht keine Aussage darüber, für wie wahrscheinlich man den Sachverhalt im **if**-Satz hält.*

---

2. Wahrscheinliche Bedingung

Zukunft mit **will**		Present Simple
The doctor**'ll** see you		you **come** at nine.
I**'ll** ask Ali	**if**	I **see** him.
We**'ll** miss the bus		we **don't** hurry.
They **won't** come		the weather**'s** bad.

*»Der Arzt wird Sie untersuchen, wenn Sie um neun kommen.«
→ Der Sachverhalt im **if**-Satz tritt eher wahrscheinlich ein.*

3. Weniger wahrscheinliche Bedingung

would + 1. Form		Past Simple
She**'d** pass He **wouldn't** be happy	**if**	she **worked** harder. he **lived** with Sheila.

»Sie würde die Prüfung bestehen, wenn sie mehr arbeiten würde.«
*→ Man sieht es als eher unwahrscheinlich an, dass der Sachverhalt im **if**-Satz eintritt.*

4. Unerfüllbare Bedingung

would have + 3. Form		Past Perfect
I**'d have told** you We**'d have been** there on time	**if**	I **had known** myself. we**'d caught** the earlier bus.

*»Ich hätte es dir erzählt, wenn ich selbst es gewusst hätte.« → Die Bedingung im **if**-Satz ist unerfüllbar, da das Ereignis in der Vergangenheit bereits anders eingetreten ist.*

Bedingungssätze mit "unless"

We'll go, **unless** it rains.
Unless I pass, I can't go to college.

*Mit **unless** können Sie verneinte Bedingungen (»wenn nicht«) ausdrücken. Im Deutschen benutzen wir dann oft die Wendung »es sei denn ...«.*

if-Sätze für Ratschläge

Stay in bed tomorrow
if you **don't** feel better.
Get the early train
if you **want** to get there in time.

*Befehlsform (1. Form) im Hauptsatz, Present Simple im **if**-Satz*

if-Sätze mit Hilfsverben

Can I see the manager if I come back later?
May I leave if I finish the job before five o'clock?
You **ought** to go to the doctor if it doesn't get better soon.

In Bedingungssätzen kann im Hauptsatz ein modales Hilfsverb stehen (vgl. S. 10).

Indirekte Rede

He **says** he **can't come** to the party. – *Er sagt, er kann nicht zur Party kommen.*
John **told** me he **had** a flu. – *John sagte mir, er hätte Grippe.*

Gegenwart

"The queen **is arriving**."
– Hurry up! John **says** she**'s arriving**!

Jemand sagt etwas. Dieses wird fast gleichzeitig und in derselben Zeitform wiedergegeben.

Vergangenheit

"I**'ll call** on my way home."
– He **said** he**'d call** on his way home.

*Wird eine deutlich zurückliegende Äußerung wiedergegeben, steht das einleitende Verb (**said**) im Past Simple:*
*Aus **will** oder **'ll** wird dann → **would** oder **'d**.*

"I **like** Mozart."
– She **said** she **liked** Mozart.

aus Present Simple → Past Simple

"I**'m leaving** tomorrow."
– He **said** he **was leaving** the following day.

aus Present Continuous → Past Continuous

"The weather **was** very good."
– They **said** that the weather **had been** very good.

aus Past Simple → Past Perfect

"Our cat **has been** run over."
– He **said** that their cat **had been** run over.

aus Present Perfect → Past Perfect

Indirekte Fragesätze

"**Are** you ill?"
– She **asked** if I **was** ill.

Present Simple
*→ Past Simple mit **if***

"When **are** you **leaving**?"
– She **asked** when we **were leaving**.

Present Continuous
→ Past Continuous

"Where **did** you **go**?"
– She **asked** where we **had gone**.

Past Simple
→ Past Perfect

Indirekte Rede mit „tell"

"**Come** early!"
– He **told** me **to come** early.

*Ein Befehl, eine Anordnung oder Aufforderung wird wiedergegeben. Dazu wird das Past Simple von **tell** benutzt, darauf folgt **to** mit der 1. Form des Verbs.*

Die Zeitenverschiebung

Es gibt keine Regel, die in jeder Situation gültig ist. Der Gebrauch der Zeiten hängt vom Sinn des Satzes ab. Trotzdem hier eine grobe Faustregel, wenn Sie berichten wollen, was jemand in der Vergangenheit gesagt hat:

Direkte Rede		**Indirekte Rede**
Present Simple	→	Past Simple
Present Continuous	→	Past Continuous
Present Perfect	→	Past Perfect
Past Simple	→	Past Perfect
Past Continuous	→	Past Perfect Continuous
will *oder* ***'ll***	→	***would*** *oder* ***'d***

Jane **told** me she **was** too tired to come. – *Jane sagte mir, sie sei zu müde, um zu kommen.*
*Im Deutschen benutzen wir in der indirekten Rede oft Formen wie »habe«, »hätte«, »könne«, »könnte«, »würde«, »solle«, »sollte«, »käme« usw. Das Englische kennt hier solche Formen nicht (außer bei **will → would**).*

Befehlsform

Come in! **Don't wait** outside! – *Komm rein! Warte doch nicht draußen!*

Beispiele

Mix the flour and the sugar.
Take two tablets every four hours.
Take the second turning on the left.

Für die Befehlsform gibt es im Englischen keine eigene Form, die man lernen müsste. Sie wird benutzt bei folgenden Gelegenheiten: (Gebrauchs-) Anweisungen

Come in, **have** some tea with us.

Einladungen

Open your books, turn to page 5.
Hurry up! It's twenty past seven!
Don't forget to post that letter!

Aufforderungen

Push.
Don't smoke.
Insert 2 x 50p.
Keep off the grass.

Hinweis- und Verbotsschildern

Let's go now or we'll be late.
Let's take the car.
Let's not tell Jenny, she'll only worry.
Don't let's tell Jenny, she'll only worry.

*Bei Aufforderungen oder Vorschlägen, etwas zusammen zu tun, kann man auch **let's** benutzen. Von **let's** existieren zwei Verneinungen: **let's not** und **don't let's**.*

Test Yourself

1. Erkennen

Listen Sie Passiv- und Aktivformen auf.

We have had some stormy weather recently.
72 people were injured in last week's hurricane 'Nancy'.
The bus was waiting for the group to arrive.
The tickets had been booked through a local agency.
He had worked in America for a long time.
We were told yesterday that John would come today.

Aktivformen:	*Passivformen:*
have had	________________
________________	________________
________________	________________

2. Umformen

Wandeln Sie diese Passiv- in Aktivsätze und die Aktivsätze in Passivsätze um. Lassen Sie Überflüssiges dabei weg.

They invited Oliver to the party.
Oliver was invited to the party.

People drink Coca Cola all over the world.
Coca Cola ________________

____

A policeman saw the thief.
The thief ________________

They informed everybody that the flight would go the following day.

Everybody ______________________________

____

"Dallas" was watched by 1 billion people all over the world.

1 billion people ______________________________

____

John had been informed about the accident by the police.

The police ______________________________

3. Umformen

Berichten Sie in indirekter Rede, was gesagt wurde.

"We want to watch a top baseball match."

They said they wanted to watch a top baseball match.

Sue: "I'm going on a course for a week in January."

Sue said ______________________________

____

Doctor: "He will be all right in a few days time."

The doctor said ______________________________

____

Harriet:"Steve phoned in the afternoon about the party at the weekend."

Harriet said ______________________________

____

4. Einsetzen

*Verwenden Sie die richtigen Zeitformen von **be**, **have**, **do** oder **make**.*

Excuse me, how ___________ I get to the station, please?

How ___________ you this morning, Vivian?

What ___________ you do last weekend?

Are you ___________ anything special tonight?

Last year I ___________ my mother a Chinese meal for her birthday.

I ___________ steak and chips last night and I'm still full now.

5. Verbinden

*Setzen Sie in jedem Satz ein **if** an die richtige Stelle.*

_____ we left before five _____ we would be there around 7.

_____ you want to turn the machine off _____ you press this button.

_____ you come to Scotland _____ we'll take you to a whisky distillery.

_____ we'd all be happier _____ you stopped smoking.

_____ you had come earlier _____ you would have met Kate and Dave.

6. Kombinieren

*Verbinden Sie die geeigneten Paare zu vollständigen **if**-Sätzen.*

If you're interested in antiques
If you had asked us
If you go to San Francisco
If they went via Birmingham
If they leave early
If you asked us to be there

we would have waited for you at the airport.
I'll let you know about the London markets.
they would arrive in Dublin around lunchtime.
they'll be there before 10 in the evening.
you can go and see my friend Mike.
we would come of course.

Lösungen

1. Aktivformen: have had, was waiting, to arrive, had worked, would come
Passivformen: were injured, had been booked, were told

2. Oliver was invited to the party.
Coca Cola is drunk all over the world.
The thief was seen by a policeman.
Everybody was informed that the flight would go the following day.
1 billion people all over the world watched "Dallas".
The police had informed John about the accident.

3. They said they wanted to watch a top baseball match.
Sue said she would be going on a course for a week in January.
The doctor said he would be all right in a few days time.
Harriet said Steve had phoned in the afternoon about the party at the weekend.

4. do, are, did, doing, made, had

5. If we left before five we would be there around 7.
If you want to turn the machine off you press this button.
If you come to Scotland we'll take you to a whisky distillery.
We'd all be happier if you stopped smoking.
If you had come earlier you would have met Kate and Dave.

6. If you're interested in antiques I'll let you know about the London markets.
If you had asked us we would have waited for you at the airport.
If you go to San Francisco you can go and see my friend Mike.
If they went via Birmingham they would arrive in Dublin around lunchtime.
If they leave early they'll be there before 10 in the evening.
If you asked us to be there we would come of course.

be

Present Simple

I	am ('m) **am not ('m not)**
you / we they	are ('re) **are not** **(aren't / 're not)**
he / she it	is ('s) **is not (isn't)**

Frage

Am	I?
Are	you / we / they?
Is	he / she / it?

Kurzantwort

Yes,	I	am.
	he / she / it	is.
	you / we / they	are.
No,	I	**'m not.**
	he / she / it	**isn't.**
	you / we / they	**aren't.**

Past Simple

I / he / she / it	was **wasn't**
you / we / they	were **weren't**

Frage

Was	I? he / she / it?
Were	you / we / they?

Kurzantwort

Yes,	I he / she / it	was.
	you / we / they	were.
No,	I he / she / it	**wasn't.**
	you / we / they	**weren't.**

Beispiele für „be" als Vollverb

John **is** four now.
Omar **was** a builder in Iran.

*Hier ist **be** ein Vollverb.*

Beispiele für „be" als Hilfsverb

Are you **coming** with us?
He **was doing** 75 when the police stopped him.
Have you **been waiting** long?

*Hier ist **be** ein Hilfsverb. Mit **be** wird die Verlaufsform gebildet. Zum Unterschied Vollverb – Hilfsverb siehe S. 9, zur Verlaufsform siehe S. 16, 22, 32.*

The bridge **was opened** by the Queen last year.
My car **has been stolen**.

*Hier ist **be** ein Hilfsverb. Mit **be** wird das Passiv gebildet. Zum Passiv siehe S. 47.*

have

Present Simple

I / you / we / they	have ('ve) **haven't**
he / she / it	has **hasn't**

Frage

Do	I / you / we they	have?
Does	he / she / it	

Kurzantwort

Yes,	I / you / we / they	have.
	he / she / it	has.
No,	I / you / we they	**haven't**.
	he / she / it	**hasn't**.

Past Simple

I / you / we / they he / she / it	had **hadn't**

Frage

Did	I / you / we / they he / she / it	have?

Kurzantwort

Yes,	I / you / we / they he / she / it	had.
No,	I / you / we / they he / she / it	**hadn't**.

Beispiele für „have" als Vollverb

*Wenn **have** als Vollverb benutzt wird, bildet man die Frageform und die Verneinung wie bei allen anderen Vollverben.*

Did you **have** a good weekend?
Have a good trip!
Are you **having** trouble with that?

***have** im Sinne von »verbringen«, »erleben«*

What **do** you usually **have** for breakfast?
Do you **have** lunch at work?
What **shall** we **have** for dinner?
Have you **had** something to drink?

***have** im Sinne von »essen«, »trinken«*

I**'m going to have** a shower.
She**'s** just **had** a bath.

***have a shower/bath** im Sinne von »sich duschen«, »baden«*

Beispiele für „have" als Hilfsverb

Have you **brought** your bike with you?
What a surprise! I **hadn't expected** that!

*Mit **have** werden **Present Perfect** und **Past Perfect** gebildet, siehe Formen S. 30, 34.*

He**'s got** a brandnew car.
They**'ve got** a beautiful cottage.

***Have** wird normalerweise nicht im Sinne von »besitzen« benutzt. Dafür wird gewöhnlich **have got** verwendet.*
***Have to** siehe S. 72,*
***have got to** siehe S. 74,*
***have got** siehe S. 76.*

do

Present Simple

I / you we / they	do **don't do**
he / she / it	does **doesn't do**

Frage

Do	I / you we / they	do?
Does	he / she / it	

Kurzantwort

Yes,	I / you we / they	do.
	he / she / it	does.
No,	I / you we / they	**don't**.
	he / she / it	**doesn't**.

Past Simple

I / you we / they he / she / it	did **didn't do**

Frage

Did	I / you we / they he / she / it	do?

Kurzantwort

Yes,	I / you we / they he / she / it	did.
No,	I / you we / they he / she / it	**didn't**.

Beispiele: do als Hilfsverb und Vollverb

Do you **do** your own cooking?
Who is going to **do** your washing?
Paul **did** his homework but Anne didn't **do** hers.
Did you **do** anything interesting at the weekend?

Did you **do** those letters?
– I'm afraid I haven't **done** them yet.

What do you **do**?
– I'm a nurse.

***Do** kann als Hilfsverb und als Vollverb benutzt werden.*
Wo es hier fett gedruckt ist, wird es als Vollverb benutzt.
*Am häufigsten wird **do** als »Ersatz-Hilfsverb« z.B. in Fragen, Verneinungen oder Kurzantworten verwendet. Dann wird es wie andere Hilfsverben auch behandelt.*
Zur Unterscheidung Hilfsverb – Vollverb siehe S. 9.

do und make

Beispiele: Ausdrücke mit do

Are you **doing anything special** this evening?
If you **do the washing up**, I'll **do the ironing**.
What **are** you **going to do** about it?
Have you **done your homework**?
I'll **do my best** to help you on Saturday.
If you**'re not doing anything**, could you help me?
I must **do some housework** this weekend!
He's ill, but the doctors can't **do anything** to help.

***Do** wird normalerweise benutzt, wenn es um Tätigkeiten, Prozesse oder Arbeiten geht.*

Beispiele: Ausdrücke mit make

I've **made something special** for dinner.
I think you've **made a mistake**.
Shh... Don't **make** so much **noise**.
She's **made** a lot of **money**.
We'd better **make arrangements** now.
Shall I **make** some **coffee**?
It's not always easy to **make friends**.
It's hard work, but we're **making progress**.

***Make** wird normalerweise benutzt, wenn es um ein Ergebnis oder Produkt geht.*

Beachten Sie den Unterschied:

What do you do? — *Was machen Sie? (Beruf)*

What are you doing? — *Was tun Sie gerade? (Tätigkeit)*

What are you making? — *Was bauen/basteln Sie da? Was wird das? (Produkt)*

„Modale" Hilfsverben

David has long hair. → *Tatsache*

David **must** get his hair cut. → *Meinung*

Was kennzeichnet »modale« Hilfsverben?
- *Vollverben drücken Tatsachen aus.*
- *»Modale« Hilfsverben drücken aus, was jemand zum Zeitpunkt des Sprechens meint und denkt.*
- *»Modale« Hilfsverben beziehen sich auf Zeiten in der Vergangenheit oder Zukunft.*

Beispiele

I **could ride** a bike when I was five. — *Damals war er/sie fünf Jahre alt.*

I **could come** tomorrow. — *Es ist von morgen, von Zukünftigem die Rede.*

You **must speak** French, you learned it at school. — *Er/sie hat es in der Vergangenheit gelernt.*
If you're going to live in France you **must learn** French. — *Er/sie wird in Zukunft in Frankreich leben.*

must

Beispiele:

I **must** remember to post this letter.
You **must** be tired after such a long journey.

Must *kann ausdrücken,*
- *dass etwas notwendig ist.*
- *dass etwas als wahrscheinlich angenommen wird.*

I **mustn't** be late for the interview.
You **mustn't** take more than two of these pills.

Must not *oder* ***mustn't*** *wird im Sinne von »nicht dürfen« benutzt. Eine Sache ist verboten oder nicht akzeptiert.*

I **must** leave the office before 4 o'clock.	*Ich muss …*
I **mustn't** leave the office before 4 o'clock.	*Ich darf nicht …* ***Mustn't*** *ist also nicht die Verneinung von* ***must****. Zur Entsprechung von »nicht müssen, nicht brauchen« siehe S. 74.*

can/could

I **can** see you tomorrow. – *Ich* <u>*kann*</u> *dich morgen treffen.*
I **could** write when I was four. – *Ich* <u>*konnte*</u> *mit 4 Jahren schreiben.*
Could you give me a hand, please? – <u>*Könntest*</u> *du mir bitte helfen?*

Can/could *wird im Englischen wie das deutsche »kann / konnte / könnte« verwendet. Verneinung von* ***can*** *ist* ***can't*** *oder* ***cannot****, von* ***could couldn't****.*

Beispiele

Can you speak Chinese?	*Fähigkeit*
Can I speak to Hilary?	*Bitte*
Can we give you a lift?	*Angebot*
Can I leave work early today please?	*Erlaubnis*
You **can't** be hungry. You've just had a big lunch.	*Unmöglichkeit*
Could I have six of those oranges please?	*Höfliche Bitte*
Gerda **could** read when she was four.	*Fähigkeit (Vergangenheit)*
We **couldn't** find anywhere to park.	*Fähigkeit/Möglichkeit (Vergangenheit)*
You **could** have left it on the bus. Is that Carol over there? – I'm not sure – it **could** be. Take a sweater. It **could** turn cold later.	*Möglichkeit (Vergangenheit, Gegenwart oder Zukunft)*

may

You **may** have left it in the car. – *Vielleicht hast du es im Wagen gelassen.*
May I borrow your dictionary for a moment, please? –
Darf ich dein Wörterbuch für einen Moment ausleihen?

Beispiele

You **may** have dropped it in the supermarket.
I'd take a coat – it **may** turn cold later.
I **may** not have time to phone you this evening.

Do you think it was John we saw earlier?
– It **may** have been, I'm not sure

***May** wird benutzt,*
– wenn ein Sachverhalt wahrscheinlich, aber nicht sicher ist (im Deutschen wird oft ein Ausdruck mit »vielleicht« benutzt).

May we have a few days to think about it?
You **may** go earlier today if you like.

*– wenn um Erlaubnis gefragt wird oder eine Erlaubnis erteilt wird. Die Verneinung von **may** ist **may not.***

might

I **might** see her tormorrow. – *Ich sehe sie eventuell morgen.*

Beispiele

I don't feel very well.
– It **might** be something you've eaten.

Where are you going for your holidays?
– I'm not sure; we **might** go to Scotland.

***Might** wird benutzt, wenn eine Sache möglich, aber nicht sicher ist.*

I'm surprised Chris isn't here yet. Do you think he **might** have forgotten?
I'm leaving early tomorrow so I **might not** see you.

*Die Verneinung von **might** ist **might not**.*

will, 'll, won't

Beispiele

I'**ll** be back in a few minutes.
We **won't** see you next week. We'**ll** be on holiday.

***Will** und die Verneinung **won't** werden benutzt,*
– wenn es um zukünftige Handlungen geht.

Will you sign the form please?
Will you phone me when you arrive?

– wenn jemand um etwas gebeten wird.

I **will** if I have time.

– wenn man sein Einverständnis gibt .

I'**ll** give you a hand with that.
We'**ll** do the washing-up.

wenn jemand Hilfe anbietet.

She **won't** tell me where she's going tonight.
I **won't** work on that machine. It's dangerous.
Molly's car **won't** start.
The baby **won't** stop crying.

– wenn jemand/etwas es ablehnt, etwas zu tun.

Wait a minute! I'**ll** just get a sweater.
That's the doorbell. – It'**ll** be John.
I'**ll** have a pizza and salad, please.

– wenn im Augenblick des Sprechens auf etwas reagiert wird.

You'**ll** catch the train if you leave now.
You **won't** be happy if you don't buy it!

– in Bedingungssätzen, wenn eine Bedingung wahrscheinlich eintreffen wird; siehe S. 50.

***Will not** als Verneinung ist in der gesprochenen Sprache nicht üblich, da es sehr stark betont ist.*

would

Beispiele

Would you drop me at the station please? **Would** you mind closing the window please?	***Would*** *wird benutzt bei* *– Bitten*
Would you like a cup of tea? **Would** you like to come with us? – That's very kind of you. I'd love to.	*– Einladungen und Angeboten*
What **would** be the best thing to do? What **would** you do? – If I were you **I'd** see a doctor.	*– Ratschlägen*
They **wouldn't** stop the noise even when I asked. My car **wouldn't** start this morning.	*– Ablehnung*
You **wouldn't** enjoy the film, I don't think. Shall I bring my sleeping bag? – That **would** help.	*– Gesprächen über eine hypothetische Situation*

shall

Who **shall** we invite to the party? – *Wen sollen wir zur Party einladen?*

Beispiele

Shall we pick you up at the station? **Shall** I get a ticket for you?	***Shall*** *wird benutzt,* *– wenn jemand anbietet, etwas zu tun.*
Shall we go for a walk after lunch? What **shall** we do about it?	*– wenn jemand vorschlägt, etwas zu tun.*

Shall *wird im modernen Englisch nur noch in Fragen wie* ***Shall I...?*** *oder* ***Shall we...?*** *benutzt.*

should

You **should** tell the police about it. – *Du solltest deshalb zur Polizei gehen.*

Beispiele

I think you **should** go to the doctor.
– Perhaps I **should**.

If you don't feel better you **should** go to bed.
The train **should** be there by four o'clock.
Excuse me, I think it **should** be $ 2, not $ 3.
You **should** have told me that you don't eat meat.
Kurt **shouldn't** have left without paying.

__Should__ und die Verneinung __should not__ bzw. __shouldn't__ werden benutzt,
– wenn jemand sagt, wie etwas getan werden sollte oder sein sollte.

Do you think I **should** tell Peter?
What do you think I **should** do?

– wenn jemand um Rat fragt, was zu tun sei.

Die normale Art zu fragen ist __Do you think I/we should...?__ Dagegen ist __Should I/we...?__ ungebräuchlich.

ought to

I **ought to** ring my mother. – *Ich sollte meine Mutter anrufen.*

Beispiele

You **ought to** phone your parents.
What do you think we **ought to** do about it?
People **ought not to** park here – it's dangerous.

__Ought to__ und die Verneinung __ought not to__ drücken eine (meist moralische) Verpflichtung aus. Auch __should__ tut dies häufig.

Fragen werden mit __Do you think we ought to...?__ gebildet. __Ought we to...?__ ist sehr ungewöhnlich.

have to

When do you **have to** leave? – *Wann musst du fahren?*

Present Simple

I / you we / they	have to **don't have to**	ask
he / she it	has to **doesn't have to**	

Die Verneinung wird wie bei den Vollverben gebildet. Als »Ersatz-Hilfsverb« tritt ***do/does*** *hinzu.* *Vgl. S. 14.*

Frage

Do	I / you we / they	have to	ask?
Does	he / she it		

Fragen werden wie bei den Vollverben gebildet. Als »Ersatz-Hilfsverb« tritt wieder ***do/does*** *hinzu.*

Kurzantwort

Yes,	I / you we / they	do.
	he / she / it	does.
No,	I / you we / they	**don't**.
	he / she / it	**doesn't**.

Past Simple

I / you we / they he / she it	had to **didn't have to**	ask

*Die Verneinung wird wie bei den Vollverben gebildet. Als »Ersatz-Hilfsverb« tritt **did** hinzu.* *Vgl. S. 20.*

Frage

Did	I / you we / they he / she it	have to	ask?

*Fragen werden wie bei den Vollverben gebildet. Als »Ersatz-Hilfsverb« tritt **did** hinzu.*

Kurzantwort

Yes,	I / you / we / they he / she / it	did.
No,	I / you / we / they he / she / it	**didn't**.

Beispiele

Children over 14 **have to** pay full price.

***Have to** drückt eine Notwendigkeit aus. Ursachen können sein:*
– eine Vorschrift

The doctor says he **has to** stay in bed.

– eine Autorität

Did you **have to** wait long?
You **have to** be at the airport very early because they **have to** search all the bags.

– die Umstände

have to oder **must**?

We **have to** be there by four o'clock.

→ denn ab vier Uhr ist kein Einlass mehr

We **must** be there by four o'clock.

→ denn ich glaube, es wird ausverkauft sein

Have to *wird benutzt, wenn etwas objektiv nötig ist.*
Must *wird eher benutzt, wenn jemand denkt, etwas sei nötig.*

will have to

I'**ll have** to go to the bank tomorrow. – *Ich muss morgen zur Bank gehen.*

Beispiele

We'**ll have to** paint the house before we sell it.
We'**ll have to** go or we'll miss the last bus.
It's broken – you'**ll have to** buy a new one.
I'm afraid she'**ll have to** go into hospital.

Will have to *drückt aus, dass der Sprecher etwas für notwendig hält. Dabei ist unwichtig, ob es tatsächlich notwendig ist.*

don't have to / don't need to

I'm sure we **don't have to** ask.
= I'm sure we **don't need to** ask.
You **don't have to** be there before 9.
= You **don't need** to be there before 9.

Don't have to *und* ***don't need to*** *werden in ähnlichen Situationen gebraucht und sind praktisch bedeutungsgleich.*

have got to

When **have** you **got to** leave? – *Wann musst du fahren?*

Present Simple

I / you we / they	have ('ve) got to **haven't got to**	go
he / she it	has got to **hasn't got to**	

*Zur Verneinung tritt **not** hinter das Hilfsverb **have**.*

Frage

Have	I / you we / they	got to	go?
Has	he / she / it		

Die Frageform wird einfach durch Umstellen gebildet.

Kurzantwort

Yes,	I / you we / they	have.
	he / she / it	has.
No,	I / you we / they	**haven't**.
	he / she / it	**hasn't**.

*Zur Verneinung tritt **not** hinter das Hilfsverb **have**.*

Beispiele

He**'s got** to stay in bed for a few days.
You**'ve got** to put two 10 pence coins in to make it work.
I **haven't got** to get up early in the morning.
Sorry I can't stop – I**'ve got** to get to the bank before half past three.
Have we **got** to show our passports?

***Have got to** wird genauso gebraucht wie **have to** (siehe S. 72). Im Past Simple wird statt **had got to** normalerweise nur **had to** benutzt.*

have got

They**'ve got** two children. – *Sie haben zwei Kinder.*

Present Simple

I / you we / they	have ('ve) **haven't**	got
he / she / it	has ('s) **hasn't**	

Past Simple

I / you we / they he / she / it	had ('d) **hadn't**	got

Frage

Have	I / you / we / they	got?
Has	he / she / it	

Frage

Had	I / you / we / they he / she / it	got?

Kurzantwort

Yes,	I / you we / they	have.
	he / she / it	has.
No,	I / you we / they	**haven't**.
	he / she / it	**hasn't**.

Kurzantwort

Yes,	I / you we / they he / she / it	had.
No,	I / you we / they he / she / it	**hadn't**.

Beispiele

We **haven't got** a phone.
Anna**'s got** dark hair and blue eyes.

Have you **got** change for a pound please?
– I'm afraid I **haven't**.

They **hadn't got** any apples so I bought some pears instead.

__Have got__ wird häufig benutzt
– bei Besitz im weitesten Sinne

Have you **got** a free evening next week?
Excuse me, **have** you **got** a minute please?
Have you **got** an appointment?

– bei einigen Ausdrükken der Zeit

be used to, get used to

I**'m used to** staying up late. – *Ich bin es gewohnt lange aufzubleiben.*
I'm **getting used to** staying up late. – *Ich gewöhne mich daran lange aufzubleiben.*

He isn't / hasn't got used to **his new job** yet.	***used to*** *+ Hauptwort*
He isn't / hasn't got used to **living in London**.	***used to*** *+ Verb mit* ***-ing****-Form*

Beispiele

She**'s used to** travel**ling** a lot.
He**'s not used to** driv**ing** on the left.
We **aren't used to** very hot weather in England.

Mit __be used to__ wird eine Gewohnheit ausgedrückt, etwas, das normal ist.

Have you **got used to** our winters yet?
– I**'m getting used to** them, slowly!

I **was** just **getting used to** my old job when they moved me.

I don't like this medicine.
– Don't worry. I'm sure you**'ll** soon **get used to** it.

Mit __get used to__ wird ausgedrückt, dass jemand sich an etwas gewöhnt.

used to

They **used to** live in Manor Road. – *Früher wohnten sie in der Manor Road.*

I you we they he she it	used to **didn't use to**	smoke.

Beispiele

I **used to** smoke.
He **used to** play squash until his accident.

Do you work full time?
– Not now, but I **used to** before I had the children.

I's funny. I really enjoy cricket now but I **didn't use to**.

*Mit **used to** wird ausgedrückt, dass früher etwas üblich war, heute aber nicht mehr ist. Viele Sätze mit **used to** würden wir im Deutschen mit dem Wort »früher« beginnen. Frageformen mit **used to** sind ungebräuchlich. **Used to** sollte man nicht mit **be used to** (= gewohnt sein) verwechseln, vgl. S. 77.*

Test Yourself

1. Erkennen

Tragen Sie die Hilfsverben und die Vollverben in die jeweilige Liste ein.

You should wash a T-shirt before you wear it for the first time.
Tom mustn't forget to return the cassettes to the library.
On our way to Spain we could spend 2 days in France.
Have you got change for 5 pounds please?
John's phone doesn't answer. He might have gone to Liverpool.

Hilfsverben:	*Vollverben:*
______________________	______________________
______________________	______________________
______________________	______________________

2. Ordnen

Was drücken die Hilfsverben aus? Schreiben Sie die entsprechenden Buchstaben vor die Sätze.

_____ Will you do this for me?	*a) Möglichkeit*
_____ May I do it later?	*b) moralische Verpflichtung*
_____ You ought to do that.	*c) Notwendigkeit*
_____ You must do it.	*d) Verbot*
_____ It could be Caroline's key.	*e) höfliche Bitte*
_____ You mustn't do that.	*f) Bitte um Erlaubnis*
_____ Could I have your car tomorrow?	*g) Bitte um etwas*
_____ I won't do that.	*h) Ablehnung, etwas zu tun*

3. Einsetzen

Wählen Sie aus, welches Hilfsverb in welche Lücke passt.

wouldn't	used to	shouldn't
'll have to	may	can

It's not a problem, you ____________ worry!

Excuse me sir, ____________ I interrupt you for a second?

____________ you show me your passport please, madam?

I ____________ talk to him if I was you. There's no point.

If we miss the last bus we ____________ to walk.

I ____________ live in Manchester, but that was twenty years ago.

Lösungen

1. Hilfsverben: should, mustn't, could, have, doesn't, might, have
Vollverben: wash, wear, forget, return, spend, got, answer, gone

2. g, f, b, c, a, d, e, h

3. shouldn't, may, can, wouldn't, 'll have to, used to

Frageanhängsel

It's a lovely day, **isn't it**? – *Heute ist ein schöner Tag, nicht wahr?*

bejahte Aussage	*verneintes Anhängsel*
It**'s** a beautiful day,	**isn't it**?
You**'ve** been to London,	**haven't you**?
It **must** have been David,	**mustn't it**?
You **know** Mary,	**don't you**?
She **drives** to work,	**doesn't she**?
They **played** well,	**didn't they**?

*Benutzen Sie das erste Hilfsverb für das Frageanhängsel und verneinen Sie es. Wenn keines steht, verwenden Sie **don't, doesn't** im Present Simple oder **didn't** im Past Simple.*

verneinte Aussage	*bejahtes Anhängsel*
It **isn't** a very nice morning,	**is it**?
You **haven't** been to London,	**have you**?
It **couldn't** have been David,	**could it**?
They **don't** eat pork,	**do they**?
Your mother **doesn't** speak English,	**does she**?
You **didn't** leave the window open,	**did you**?

*Benutzen Sie das erste Hilfsverb für das Frageanhängsel in der bejahten Form. Wenn keines steht, verwenden Sie **do, does** im Present Simple und **did** im Past Simple.*

Beispiele

Frageanhängsel sind etwas sehr »Englisches«. Sie kommen nur in der gesprochenen Sprache vor. Sie sind eigentlich keine Fragen, sondern Aufforderungen, Stellung zu nehmen. Sie bedeuten z.B.:

It's a lovely day, **isn't it**?	– *»Sagen Sie doch etwas zum Wetter.«*
That was a super film, **wasn't it**?	– *»Sag doch etwas zum Film.«*
That's a good idea, **isn't it**?	– *»Sagen Sie mir Ihre Meinung.«*
Things were different then, **weren't they**?	– *»Erzählen Sie mir, wie Sie sich daran erinnern.«*

You don't smoke, **do you**?
Sheila isn't married, **is she**?
Paul's been to London, **hasn't he**?
Eileen hasn't been to London, **has she**?

Oft bittet man auch nur um Bestätigung der eigenen Meinung.

There's a post office in Churchill Road, **isn't there**?
Let's have a cup of tea, **shall we**?

*Besonderheiten: **There** erscheint auch im Frageanhängsel.*
Let's** wird im Anhängsel zu **shall we?

Fragesätze

It was raining. – *Es hat geregnet.*
Was it raining? – *Hat es geregnet?*

mit Hilfsverb im Aussagesatz

Aussage	Frage		
	Hilfsverb	*Subjekt*	*Verb + Objekt*
He's seen the doctor.	**Has**	**he**	seen the doctor?
You can read my writing.	**Can**	**you**	read my writing?
They are going to buy a new car.	**Are**	**they**	going to buy a new car?

ohne Hilfsverb im Aussagesatz

Aussage	Frage		
	Hilfsverb	*Subjekt*	*Verb + Objekt*
The bus stops in Salisbury Road.	**Does**	**the bus**	stop in Salisbury Road?
She caught the plane.	**Did**	**she**	catch the plane?

*Benutzen Sie **do/does** im Present Simple und **did** + 1. Form im Past Simple.*

Fragen mit Fragewörtern

John told Mary.	**Who told Mary?**	***Wer hat es Mary erzählt?*** *(Frage nach dem Subjekt = wer/was?)*
John told Mary.	**Who did John tell?**	***Wem hat John es erzählt?*** *(Frage nach dem Objekt = wen/wem?)*

Beispiele: Frage nach Subjekt

Fragewort	*+ Verb*	
Who	paid?	
	told	you?
	lives	next door?
	brought	Greg to work?
	knows	about it?
What	happened?	
	caused	the accident?

Beispiele: Frage nach Objekt

Fragewort	*+ Hilfsverb*	*+ Subjekt*	*+ Verb*	
How many	did	you	buy?	
How often	have	you	been	here?
How	can	I	get	in touch with you?
Which	did	you	choose?	
When	will	she	know	the results?
Where	were	they	going?	
What	are	we	going	to do about it?
Who	could	we	ask	to help?
Why	would	you	like	to go?
Which floor	do	you	live on?	
Whose car	were	you	driving	yesterday?

Test Yourself

1. Ordnen

Bringen Sie die Wörter in die richtige Reihenfolge.

leave / When / for Dover / does / the night ferry?

When does the night ferry leave for Dover?

work / start / you / What time / do / in the morning?

____

days / got / How many / you / over here / have?

____

do / get back / you / from work / What time?

____

try / don't we / Why / the Chinese restaurant?

____

any news / had / you / Have / from Barbara?

____

2. Einsetzen

Stellen Sie die Fragen zu den Antworten.

Why did she leave the firm?

– She left the firm because she was tired of her boss getting her to make coffee all day.

____ happen?

– The accident happened after the light changed to red, not before.

____ the room?

The room is $40 a night plus breakfast.

____ want to be back?

They wanted to be back by 9 o'clock.

____ go into work?

I usually go into work by train, as I sold my car last year.

____ the ladder?

Ken took it out into the garden, he is picking apples.

3. Fragen stellen

Fragen Sie nach den grau gedruckten Satzbestandteilen.

I've got a surprise for you.

What have you got for me?

Peter and Sarah have invited us round for a drink.

____

Peter rang me this morning.

____

They want us to bring our holiday video.

____

By the way, I bought a new kettle after work.

____

It only cost £5.99.

____

It was so cheap, because it has a small dent.

____

Lösungen

1. What time do you start work in the morning? How many days have you got over here? What time do you get back from work? Why don't we try the Chinese restaurant? Have you had any news from Barbara?

2. When did the accident happen? How much is the room? What time / When did they want to be back? How do you go into work? Who has taken / took the ladder?

3. Who have invited us round for a drink? Who rang you this morning? What do they want us to bring? What did you buy (after work)? How much did it cost? Why was it so cheap?

Ausdrücke mit der -ing-Form

*Auf die folgenden Ausdrücke folgt eine **-ing**-Form:*

(do) the	Have you **done the ironing**?
go	They usually **go shopping** on Saturday.
hate/love/like	I **hate/love/like getting** up early.
enjoy	Do you **enjoy playing** tennis?
finish	I'll just **finish writing** this letter.
stop	Jack's **stopped smoking** at last.
suggest	Peter **suggested going** to Ibiza.
need	My hair **needs washing**.
can't help	I **can't help thinking** he's a fool.
go on	He **went on complaining** all evening.
miss	Do you **miss living** in London?
Would you mind...?	**Would you mind lending** me your pen, please?
(be) used to	I**'m not used to driving** in town.
afraid of	I**'m afraid of flying**.
without	You can't get in **without paying**.
It's worth... / It's no use...	**It's worth/no use applying** for a grant.
It's no good...	**It's no good complaining**.
instead of	We'll drive **instead of catching** the train.
What about...	**What about having** a picnic?
interested in	I**'m not interested in spending** more than £3.

Ausdrücke mit Infinitiv

*Auf die folgenden Ausdrücke folgt die 1. Form mit **to** (»Infinitiv«):*

learn	We **learned to swim** before we started school.
hope	They **hope to finish** work early.
promise	I **promise to be** a better student.
refuse	Dick **refused to pay** the bill.
decide	Have you **decided to fly**?
mean	I'm sorry. I **meant to let** you know.
offer	Did she **offer to give** you a lift?
agree	We **agreed to meet** again on Thursday.
anxious	My mother was **anxious to hear** the news.
prepared	I'm not **prepared to work** at weekends.
likely	He's **likely to arrive** late.
afraid	Liz was **afraid to go** to the police.
sorry	I was **sorry to hear** about your accident.
would like	I **would like to go** to Spain next summer.

In den folgenden Sätzen ist der Aufbau noch etwas anders:
*Verb + Objekt (wem/wen/was?) + 1. Form mit **to**:*

ask	We had **to ask John to leave**.
tell	Please **tell your friends to come** a bit later.
persuade	Can you **persuade Bill to lower** the price?

*Bei folgenden Verben ist die **-ing**-Form oder die 1. Form möglich:*

love – hate – like – begin – try – prefer – start

Beachten Sie:

I **remember sending** you an invitation. – *Ich erinnere mich, dass ich dir eine Einladung geschickt habe. (→ Vergangenheit)*

Remember to send me a card. – *Denk dran mir eine Postkarte zu schicken. (→ Zukunft)*

Verben mit Präpositionen

drop – *fallen, fallen lassen*
drop in – *besuchen, vorbeischauen*

Viele Verben können einen oder zwei »Begleiter« haben (siehe auch Präpositionen S. 116), die ihre Bedeutung stark verändern können. Trotz einiger »Eselsbrücken« hilft da nur: immer wieder hören, lesen und sprechen.

break down	The car **broke down** at the weekend. – *kaputtgehen, eine Panne haben*
bring up	Children are **brought up** differently here. – *erziehen*
call back	Could you **call back** tomorrow please? – *nochmal anrufen*
call for	I'll **call for** you at 7 o'clock. – *abholen*
call off	They've **called off** the strike. – *absagen*
carry on	Are you going to **carry on** studying German? – *weitermachen*
catch up	You set off – I'll **catch** you **up**. – *einholen*
close down	The factory **closed down** last year. – *schließen*
come from	He **comes from** Bangladesh. – *stammen aus*
drop in	Why not **drop in** on your way back? – *vorbeischauen*
eat out	It's nice to **eat out** for a change. – *essen gehen*
fall out	Liz and Jack **have fallen out** again. – *sich streiten*
fall through	I'm afraid our holiday plans **have fallen through**. – *»ins Wasser fallen«*
fill in	Would you **fill in** this form? – *ausfüllen*
find out	I hope nobody **finds out**. – *herausfinden*
get back	We **got back** from France last night. – *zurückkommen*
get off	You **get off** at the end of East Street. – *aussteigen*
get on	How are the children **getting on** at school? – *zurechtkommen*
get on with	I **get on** very well **with** him. – *auskommen*
get over	I had an operation but I'm **getting over** it now. – *überwinden*

get round to I **haven't got round to** writing to him yet. – *dazu kommen*

get through Did you **get through**? – *durchkommen*

get up I **got up** at 7 this morning. – *aufstehen*

give up I know it's difficult, but don't **give up**! – *aufgeben*

go off I think the milk**'s gone off**. – *schlecht werden*

grow up Children **grow up** more quickly nowadays. – *erwachsen werden*

hang up She **hung up** on me! – *auflegen*

have on You**'re having** me **on**! – *sich lustig machen*

hold on Can you **hold on** a moment please? – *dranbleiben*

keep up How long do you think they can **keep** that **up**? – *beibehalten*

knock down She was **knocked down** in First Avenue. – *anfahren*

laugh at Are you **laughing at** me? – *auslachen*

let down You won't **let** me **down**, will you? – *im Stich lassen*

lie in I'm going to **lie in** this morning. – *im Bett bleiben*

look after Who's **looking after** the children? – *sich kümmern um*

look at What **are** you **looking at**? – *ansehen*

look for They**'re looking for** 20 new staff. – *suchen*

look forward to I**'m** really **looking forward to** my holiday. – *sich freuen auf*

look out for I**'ll look out for** you at the station. – *Ausschau halten nach*

look up You can **look** it **up** in the dictionary. – *nachschlagen*

pack up It's time to **pack up** and go home. – *Feierabend machen*

pay back If you lend me it I'll **pay you** back tomorrow. – *zurückzahlen*

pay off He was **paid off** at the end of June. – *entlassen*

pick up Can I **pick** you **up** at the station? – *abholen (mit dem Auto)*

put off Shall we **put** it **off** until next week? – *verschieben*

put off I **hope** I**'m** not **putting** you **off**. – *stören*

put on Don't forget to **put** your coat **on**. – *anziehen*

put through	Could you **put** me **through** to Mr Wilson please? – *durchstellen*
put up	Can I **put** you **up** for the weekend? – *unterbringen*
put up with	I'm afraid you'll just have to **put up with** it. – *sich abfinden mit*
ring back	Can I **ring** you **back** please? – *zurückrufen (Telefon)*
run out of	We**'ve** run **out of** sugar. – *ausgehen (Vorräte)*
save up	I**'m saving up** for my holiday. – *sparen für*
see off	Can we **see** you **off** at the airport? – *verabschieden*
set off	What time shall we **set off**? – *abfahren*
settle down	My mother thinks I should **settle down**. – *ein geregeltes Leben beginnen*
show off	Stop **showing off**! – *angeben*
sleep in	Sorry I'm late – I **slept in**. – *verschlafen*
sort out	These files need **sorting out**. – *ordnen*
stand up for	You have to **stand up for** what you believe. – *verteidigen*
take after	Carol **takes after** her father. – *ähnlich sein*
take off	Would you like to **take** your coat **off**? – *ablegen*
tell off	I **told** the children **off**. – *schimpfen mit*
think about	What **are** you **thinking about**? – *nachdenken über*
think of	You should have **thought of** that earlier. – *denken an*
think over	I'd like to **think** it **over** for a while. – *überdenken*
try on	Could I **try** it **on** please? – *anprobieren*
turn down	His application **has been turned down**. – *ablehnen*
turn off	Would you **turn** the tap **off** please? – *zudrehen*
turn on	Would you **turn** the TV **on** please. – *anschalten*
turn up	She **turned up** at the very last moment. – *erscheinen*
wake up	What time did you **wake up**? – *aufwachen*
walk out	The whole work force **walked out**. – *streiken*
wash up	Who's going to **wash up**? – *abwaschen*
wear out	These shoes **have worn out** very quickly. – *verschleißen*
wrap up	Would you like me to **wrap** it **up** for you? – *einpacken*

Test Yourself

1. Erkennen

Sortieren Sie die Wendungen mit der ***-ing****-Form und die mit* ***to*** *+ 1. Form entsprechend ein.*

I'll never get used to driving on the left!
Please remember to leave the key before you go out, will you?
We really enjoyed travelling when we were younger.
As they were grossly overcharged they refused to pay the hotel bill.
She was afraid of saying something wrong.
The management decided to close the factory.
Both of us stopped smoking last year.
Sorry to cause you problems, but can you help me with my car?

-ing*-Form:*

____

____

____

1. Form mit ***to****:*

____

____

____

2. Erinnern

-ing*-Form oder* ***to*** *+ 1. Form? Setzen Sie ein.*

We like *going* on holiday in winter. (go)

Sheila will have to learn ________ to people and ________ to them. (go up to, talk)

You can't get into the concert without ________ . (pay)

In summer I enjoy ________ in the mountain lakes. (swim)

They offered ________ round and help us with the repair. (come)

I can't help ________ he's a bit silly. (think)

Did you tell him ________ the garage? (clean)

3. Erinnern

Setzen Sie die richtigen Präpositionen ein.

I'm sorry, Mr Winterbottom is on the phone at the moment.
Can you hold ________ ?

How did you get ________ at work today?

Excuse me, is Charing Cross the next stop? Then I'll have to get ________.

This tastes sour. I think it has gone ________.

I must not forget the light. Can you think ________ it, too?

I'm looking ________ my pocket diary. Have you seen it?

Lösungen

1. **-ing**-Form: get used to driving, enjoyed travelling, afraid of saying, stopped smoking
to + 1. Form: remember to leave, refused to pay, decided to close, sorry to cause problems

2. going, to go up, talk, paying, swimming, to come, thinking, to clean

3. on, on, off, off, of, for

a, an

Give him **a** chance! – *Gib ihm eine Chance!*
Sue had **an** idea. – *Sue hatte eine Idee.*

an apple
an egg
an island
an orange
an uncle

a bag
a child
a house

*Nur vor **a**, **e**, **i**, **o**, **u** gesprochenen Lauten (Selbstlauten) steht **an**, sonst **a**.*

an hour
an honour

*Vor **h** steht **an**, wenn das **h** nicht gesprochen wird.*

a university
a European

*Vor **u** und **eu** steht **a**, wenn diese wie in **you** gesprochen werden.*

Beispiele

She's **a** dentist.
We had **an** argument.
A pound of tomatoes please.

***A** oder **an** stehen*
– bei zählbaren Hauptwörtern in der Einzahl

a hundred, **a** thousand, **a** million

– bei einigen Zahlen

a dozen, **a** couple of, **a** pair of, **a** lot, **a** few, **a** little
We spent **a** couple of weeks in Spain.

– bei einigen Mengenabgaben

30 pence **a** pound
sixty miles **an** hour

– bei Preis- und Maßangaben

A coke and two lemonades, please.
– Two lemonades and two cokes.
No, two lemonades and **one** coke, please.

***One** wird nur zur Hervorhebung benutzt, normalerweise benutzt man **a/an**.*

the

The meal was very nice. – *Das Essen war sehr gut.*

the side, **the** thriller	*Eine Schreibweise, zwei Aussprachen:* *– Aussprache des **e** wie in Seite oder belebt*
the apple, **the** engine, **the** icecream, **the** other one, **the** umbrella	*– Aussprache des **e** wie in vier oder ihnen, wenn danach ein **a, e, i, o** oder **u** (Selbstlaut) gesprochen wird.*

I left **the** car in George Street. (= my / our car) Which dress did you buy? – **The** blue one. Can you close **the** door please? He bought **the** house next to the Post Office.	***The** wird benutzt* *– bei Personen oder Sachen, die schon bekannt sind*
the China Sea, **the** Ganges, **the** Alps Lake Ontario, Lake Windermere	*– für Namen von Meeren, Flüssen und Gebirgen (aber nicht von Seen)*
He plays **the** guitar and **the** piano.	*– für Musikinstrumente*
the Taj Mahal, **the** White House, **the** Eiffel Tower, **the** Houses of Parliament, Buckingham Palace, Windsor Castle	*– für manche, aber nicht alle bedeutenden Gebäude*
Oxford Street, Broadway	*Die meisten Straßen werden ohne **the** genannt (Ausnahme: **the High Street**).*
at work, at home, at school, go to work, go home, go to school	*Bei diesen Ausdrücken steht kein **the**.*
Milk is good for you. I don't like coffee.	*Geht es um Sachen im Allgemeinen, steht kein **the**.*

Zählbare und nicht zählbare Hauptwörter

Englische Hauptwörter (Nomen) sind in 2 Gruppen unterteilt:

– Der Sprecher stellt sich zählbare Dinge in klar begrenzten Mengen vor.

a glass of water

a cup of tea

a spoonful of sugar

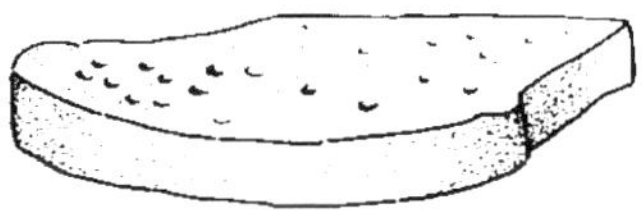

a slice of bread

– Der Sprecher stellt sich nicht zählbare Dinge in unbestimmten Mengen vor.

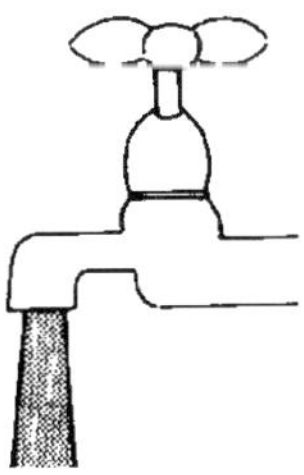

water

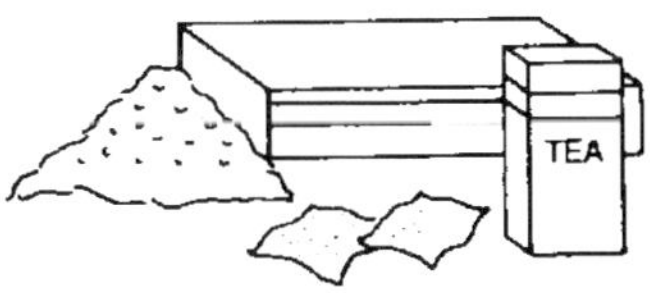

tea

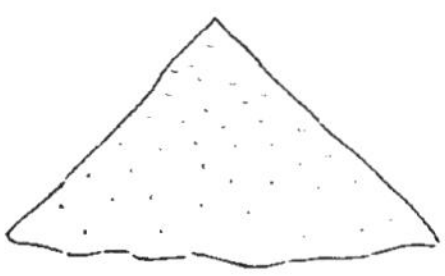

sugar

bread

Zählbare Hauptwörter

That **boy is** French.
Those **boys are** French.
The **train was** delayed.
All **trains were** late.

Bei zählbaren Dingen
– kann man Einzahl- oder Mehrzahlformen benutzen.
– können Einzahl- oder Mehrzahlformen von Tätigkeiten stehen.

an apple, **a** good idea
four apples, **three** good ideas

*– können **a/an** oder Zahlen stehen*

He has**n't many** friends.
There were**n't many** people there.

*– kann **not many** stehen.*

Do you want **a few** more cherries?

*– kann **a few** stehen.*

Nicht zählbare Hauptwörter

Music helps me to relax.
Their **furniture is** very modern.
Too much **coffee isn't** good for you.
The **weather was** beautiful all week.

Bei nicht zählbaren Dingen
– gibt es nur eine Form.
– stehen Tätigkeiten in der Einzahlform.

weather information advice
furniture leather

*– kann **a** oder **an** nie unmittelbar vor dem betreffenden Wort stehen.*

He **hasn't much** money.
We have**n't** had **much** information yet.

*– steht **not much.***

Do you want **a little** more ice-cream?

*– steht **a little.***

We had **a lot of** trouble getting here. There were **a lot of** people in town today.

*In bejahten Sätzen wird normalerweise **a lot of** benutzt, in verneinten **much** und **many.***

a... of...

a **glass of** water – *ein Glas Wasser*
a **piece of** information – *eine Information*

	pound		butter
	pint		milk
	piece		advice
	jar		jam
	tin		soup
a	**packet**	of	rice
	bit		luck
	slice		toast
	litre		oil
	plate		spaghetti
	tube		toothpaste

Diese Dinge sind, wenn sie allein stehen, nicht zählbar. Durch ***a... of*** *bekommen sie eine zählbare Form.*

advice information news luggage
knowledge furniture health

Diese Wörter sind im Englischen nicht zählbar, können also nicht mit ***a/an*** *benutzt werden.*

Einige Wörter können eine zählbare und eine nicht zählbare Form haben.

zählbar:

There's **a hair** on your coat.
What **a** lovely **colour**!

Have some more **potatoes**!
– Just **a few** please.

nicht zählbar:

Her **hair** is beautiful.
Television is dull without **colour**.

Have some more **potato**!
– Just **a little** please.

Mehrzahlformen

hand – hand**s**
glass – glass**es**

Die Mehrzahlform der meisten Hauptwörter wird im Englischen durch Anhängen eines **-s** *gebildet. Die Endungen spricht man verschieden:*

packet – packets

Das Wortende wird gesprochen wie
– scharfes »s« wie in »Fass« nach stimmlosen Lauten (siehe S. 132)

band – bands

– weiches »s« wie in »Sahne« nach stimmhaften Lauten (siehe S. 132)

face – faces

– »i« und weiches »s« wie in »Sahne« nach s-Lauten

Einige häufige Mehrzahlformen werden anders gebildet.

woman – **women**
man – **men**
child – **children**
person – **people**
potato – **potatoes**
bus – **buses**
glass – **glasses**
match – **matches**

wife – **wives**
knife – **knives**
foot – **feet**
tooth – **teeth**
baby – **babies**
lady – **ladies**
city – **cities**
sheep – **sheep**

some, any

I bought **some** bananas. – *Ich habe ein paar Bananen gekauft.*
Anybody upstairs can help you. – *Jeder da oben kann dir helfen.*
She did**n't** say **anything**. – *Sie sagte nichts.*

I like **some** fruit.

I do**n't** like **some** fruit.

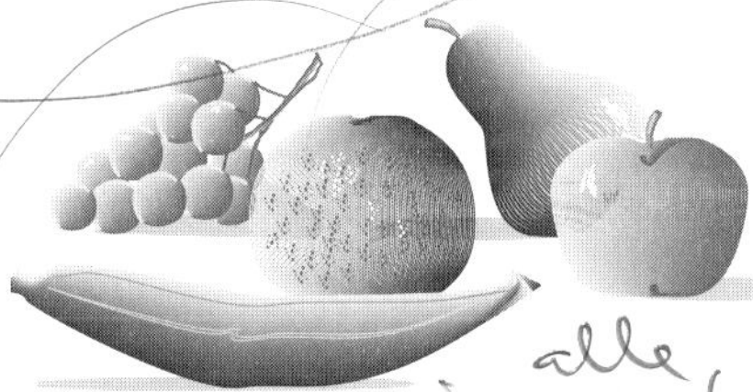

I like **any** fruit.

I do**n't** like **any** fruit.

Some *bezeichnet nicht alle/s, sondern nur einen Teil.*

Any *bezeichnet alle/s,* ***not any*** *keine/s.*

any

She does**n't** drink **any** alcohol, not even beer. There are**n't any** shops near our flat.	*»keinerlei«*
You can take **any** bus from the station. When can you come round? – **Any** day next week. I like **any** kind of cheese.	*»alle« (welche/r/s ist nicht wichtig)*
Did you take **any** photographs? Have you **any** small change, please?	*»irgendwelche/s« bei offenen Fragen*

some

Some of the trains stop here but some don't. **Some** people thought it was too expensive. I like **some** pop music, but not all.	*»einige«, nicht alle*
I've bought **some** tea but we need some sugar. Would you like us to bring **some** sandwiches with us? I'd like **some** information about the flight to Paris please.	*»etwas«, »einige« bei allgemeinen Mengenangaben*

---

somebody someone something somewhere anybody anyone anything anywhere	*Die zusammengesetzten Wörter werden in gleicher Weise benutzt wie **some** und **any** allein.*
There's **somebody** outside to see you. That's easy, **anybody** could do that.	*»jemand«* *»jeder«*
There's **something** wrong with my arm. I don't think there's **anything** we can do about it.	*»etwas«* *»irgendetwas«*
Let's go **somewhere** warm this year! I've **never** been **anywhere** in Scotland except Glasgow.	*»irgendwo«* *»nirgendwo«*
Can I get you **anything** to eat? Can I get you **something** to eat?	*Beide Fragen sind korrekt, ein kleiner Unterschied besteht:* *Bei **any** ist die Frage offen: »Ich weiß nicht, ob du möchtest.«* *Bei **some** nehme ich an: »Du möchtest wohl etwas.«*

Test Yourself

1. Erinnern

Ergänzen Sie die fehlende Einzahl oder Mehrzahl.

__________ – men

city – __________

tomato – __________

__________ – children

woman – __________

__________ – ladies

tooth – __________

person – __________

2. Einsetzen

*Setzen Sie **a**, **an**, **the** oder gar nichts ein.*

Our friends live in _______ George Street.

Mum, can I have _______ orange, please?

The car was old but it still did 90 miles _______ hour.

When Keith Richard was young he played _______ piano.

What's her job? – I think she's _______ social worker.

The big department stores are in _______ Oxford Street.

3. Umformen

Formen Sie die bejahten in verneinte Sätze um und umgekehrt. Achten Sie auf die Regeln für die Verneinung.

We have some bread left. — We don't have any bread left.

At 5 a.m. there were some cars on the roads. — At 5 a.m. there weren't any cars on the road.

We kept you something to eat. — ______

We have met somebody who has been to the Tonga Islands. — ______

______ — I haven't got anything urgent to do.

______ — You can't find any cheaper antique shops in London.

______ — I don't know anyone who can play the piano as well as he can.

1. man – men
city – cities
tomato – tomatoes
child – children
woman – women
lady – ladies
tooth – teeth
person – people

2. in George Street, **an** orange, **an** hour, **the** piano, **a** social worker, in Oxford Street

3. We don't have any bread left.
At 5 a.m. there weren't any cars on the roads.
We didn't keep you anything to eat.
We haven't met anybody who has been to the Tonga Islands.
I've got something urgent to do.
You can find some cheaper antique shops in London.
I know someone who can play the piano as well as he can.

Adjektive

My wallet is **black**.
I've lost a **black** wallet.

Adjektive
– geben uns genauere Informationen über Sachen oder Personen.

The boy was **late**.
The girls were **late**, too.

– haben die gleiche Form für Einzahl oder Mehrzahl.

She's a **really nice** person.
It's **very cheap**.

*– können durch **very** oder **really** verstärkt werden.*

Steigerung

Plastic is **cheaper** than aluminium. – *Plastik ist billiger als Aluminium.*
The **best** fish comes from Japan. – *Der beste Fisch kommt aus Japan.*

Grundform	Komparativ	Superlativ
cheap early	cheaper earlier	cheapest earliest

*Adjektive mit einer Silbe, Adjektive mit zwei Silben, die auf **-y** enden*

Grundform	Komparativ	Superlativ
careful difficult	more careful more difficult	most careful most difficult

Adjektive mit 2 und mehr Silben

Grundform	Komparativ	Superlativ
good bad	better worse	best worst

unregelmäßige Formen

Vergleiche

Ahmed is **older than** Mustapha.
The book is **better than** the film.
This baker is **more expensive than** the one round the corner.
Have you any **smaller** oranges?
Have you anything a bit **cheaper**?
I think yours is **better**.

*Eine/r/s ist größer, besser, schneller als die/der/das andere: Komparativ + **than***

Maria is **as** old **as** Marco.
Gas isn't **as** expensive **as** electricity.
Was he **as** angry **as** he looked?

*Beide sind gleich groß, gut, schnell: **as** + Adjektiv + **as***

Metin is **the tallest** in the class.
Gabi is **the most careful** driver I know.
How much is **the cheapest** flight to Athens?
The most expensive isn't always **the best**.
Where's **the nearest** toilet, please?

*Ein/e bestimmte/r/s ist der/die/das Größte, Beste, Schnellste: **the** + Superlativ*

Adverbien

He looked **quickly** through the papers.
The car came **slowly** round the corner.

Adverbien geben uns genauere Informationen über das Verb, d.h. darüber, auf welche Weise etwas stattfindet.

regelmäßig gebildete Adverbien:

Adjektiv	Adverb
slow	**slowly**
careful	**carefully**
easy	**easily**
sensible	**sensibly**

*An das Adjektiv wird **-ly** angehängt. Steht ein **-y** am Ende, wird daraus **-ily**.*

Sätze mit Adjektiv

He's a slow reader.
It's easy to make it yourself.

Sätze mit Adverb

He reads **slowly**.
You can **easily** make it yourself.

unregelmäßig gebildete Adverbien:

Adjektiv	Adverb	Adjektiv	Adverb
hard	hard	straight	straight
late	late	harder	harder
early	early	faster	faster
earlier	earlier	good	**well**
fast	fast		

Hier haben Adjektiv und Adverb die gleiche Form oder sehen völlig verschieden aus.

Sätze mit Adjektiv

He has long **straight** hair.
Let's catch the **late** train.
She's a **hard** worker.
Is there an **earlier** train?

The train is **faster**, but **more expensive**.
They're a **good** team.
These are a **better** buy.

Sätze mit Adverb

Go **straight** along Cromwell Road.
The train arrived ten minutes **late**.
She works **hard**.
Can you come to me **earlier** than 10, please?
I wish I could read **faster**.

They played **well** last Saturday.
Do you feel **better** now.

Diese Wörter sehen wie regelmäßige Adverbien aus, haben aber besondere Bedeutungen:

Be careful, you **nearly** spilled your tea. — *»beinahe«*
There's **hardly** any butter left. — *»kaum (noch)«*
I haven't seen her **lately**. — *»in letzter Zeit«*
I'll have to be going home **shortly**. — *»demnächst«*
I'll let you know **directly** I hear myself. — *»sofort (wenn)«*

Steigerung und Vergleiche

She speaks English **more confidently than** her brother.
Liverpool played **better than** they did last week.

Steigerungen und Vergleiche bilden Sie wie bei Adjektiven:
*– mit Komparativ + **than***

He doesn't speak English **as confidently as** his sister.

*– mit (not) **as... as***

Im Deutschen machen wir oft keinen Unterschied zwischen Adjektiv und Adverb:

You'll have to be **careful**. – *Du musst vorsichtig sein.*
You'll have to do it very **carefully**. – *Du musst es vorsichtig machen.*

Stellung des Adverbs

They lifted the cover **carefully**.
She often works **late**.

Im Zweifelsfall steht das Adverb am Ende.

Peter is **never** late.
You must **always** lock the door.
I **often** watch breakfast TV.
We've **sometimes** had lunch at work.

***Always, often, usually, sometimes, never, already** stehen nach **be** oder nach dem ersten Hilfsverb (**have, must, will** usw.) und vor dem Verb oder 2. Hilfsverb.*

Richard can swim **very well**.
It's **too far** to walk.
It was **quite cold** in the water.
This is a bad line – it's **extremely difficult** to hear you.

***Very, too, so, rather, really, quite, extremely, slightly** stehen vor dem Wort, das sie schwächer oder stärker machen.*

Have you **ever** been to Manchester?

***ever** steht in Fragen nach dem Subjekt.*

He isn't strong **enough**.
He didn't work hard **enough**.
I didn't have **enough** money.

***Enough** steht nach Adjektiven und Adverbien, aber als Adjektiv vor Hauptwörtern.*

Persönliche Fürwörter

He asked **me** to tell **them**. – *Er bat mich, es ihnen zu sagen.*

Subjekt *»ich«*	**Objekt** *»mir« / »mich«*
I	me
you	you
he	him
she	her
it	it
we	us
they	them

Eine Sache oder Person ist bekannt. Sie wird nicht genannt, ein Fürwort (Pronomen) tritt an ihre Stelle. Fürwörter geben Antworten auf die Fragen wer? wen? wem? usw.

Beispiele

Would you like to come with **us**?
Do you live near **them**?
Could you send them direct to **me**, please?

*Der Objektfall **me, you** usw. wird gebraucht*
*– nach einer Präposition (**with, near, after, on** usw.)*

Who broke that window?
– It wasn't **me**.

*– nach **be** anstelle des Subjektfalls*
Beachten Sie den Unterschied zum Deutschen:
»Ich war es nicht.«

Can Eva send them to **me**, please?
Tony made a cake for **you**.

*– wenn **make, give, send, lend, pass, take** und **show** mit **to** oder **for** stehen.*

Besitzanzeigende Fürwörter

My birthday is on May 27th. – *Mein Geburtstag ist am 27.Mai.*
– Funny, **mine** is on May 26th. – *Lustig, meiner ist am 26.Mai.*

Besitzanzeigendes Adjektiv *(»mein«)*	**Besitzanzeigendes Fürwort** *(»meins«)*	**Rückbezügliches Fürwort** *(siehe S. 109)* *(»ich ... mich (selbst)«)*
my	mine	myself
your	yours	yourself
his	his	himself
her	hers	herself
its	its	itself
our	ours	ourselves
your	yours	yourselves
their	theirs	themselves

Beispiele Sätze mit Adjektiv	**Beispiele Sätze mit Fürwort**
My feet hurt!	– So do **mine**!
Is this **your sweater**?	– Yes, where's **yours**?
I don't think this is **his car**, is it?	– No, **his** is over there.
Sheila left **her bag** somewhere in here.	– I think this is **hers**, isn't it?
Our children like **their school**.	– Yes, **ours** like **theirs**, too.
What's **your phone number**?	– 7726981. What's **yours**?

Das besitzanzeigende Adjektiv steht jeweils direkt bei der fraglichen Sache/Person. In der Antwort ist die Sache/Person ausgespart. Dann steht das besitzanzeigende Fürwort.

Rückbezügliche Fürwörter

He's cut **himself**. – *Er hat* ***sich*** *geschnitten.*
They did it **themselves**. – *Sie haben es* ***selbst*** *gemacht.*

Beispiele

Oh dear! Have you hurt **yourself**?

Wer? (Subjekt) und wen/wem? (Objekt) sind die gleiche Person. Das Fürwort bezieht sich (zurück) auf das Subjekt. Im Deutschen sagt man »ich ... mich«, »du ... dich«, »er/sie ... sich« usw.

Did you do the decorations **yourself**?
– I did the painting **myself**, but that's all.

Can I give you a hand?
– No, it's all right thanks. I can do it **myself**.

Hier werden die Fürwörter zur Hervorhebung benutzt (» ... selbst gemacht!«).

Häufige Wendungen

Do it **yourself**!

Help Enjoy Behave	**yourself / yourselves**!

I live by **myself**.

»Ich lebe allein.« Sie hören auch oft: ***I live on my own.***

they

They are repairing the road.
(they = the Town Council)

They want to increase income tax.
(they = the Government)

They say it's a marvellous film.
(they = a lot of people)

They tell me you're changing your job.
(they = somebody/some people)

__They__ wird in zwei Zusammenhängen benutzt:
- *als Fürwort, das anstelle einer Sache/Person auftritt*
- *als »Platzhalter« für Unbekannte (im Deutschen oft: »man«)*

Someone has left **their** pen on the desk.
Somebody told you, didn't **they**?
Anybody knows that, don't **they**?
Everyone has to bring **their** own food.
If **anyone** rings, please ask **them** to ring back.

__Somebody, anybody__ usw. werden mit __they__ bzw. __their__ ersetzt, auch dann, wenn nur eine Person gemeint ist.

one, ones

That train is too early. What time is the next (train) **one**? –
Der Zug ist zu früh. Wann fährt der nächste (Zug)?

Einzahl

the this / that	one
which	one?

Mehrzahl

the these / those	ones
which	ones?

Beispiele

I'm going to make a cup of coffee.
Would you like **one**?
– Mm yes, I'd love **one**, thank you.

Shall I use these tea-bags?
– No, use **the ones** on the shelf, please.

*Mit **one** oder **ones** kann man vermeiden, den Ausdruck für eine Sache oder Person zu wiederholen.*

there is/there are

There's too much traffic. – *Es gibt zu viel Verkehr.*
There are too many cars on the road. – *Es gibt zu viele Autos auf der Straße.*

There	is ('s) **isn't**	a problem
	are **aren't**	three

Frage

Is	there	a toilet?
Are	there	any seats?

Kurzantwort

Yes,	there	is. are.
No,	there	**isn't**. **aren't**.

Beispiele

There's a cinema in the centre.
Is there a telephone box in the station?
There are some people waiting outside.
Are there 2 m's in 'recommend'?
There's nothing we can do about it.
There's somebody waiting for you outside.
Is there anywhere to eat near here?

*Mit **there is/there are** wird eine Sache neu ins Gespräch eingeführt. Es bedeutet dann so viel wie » ... es gibt ... «.*

There must be a mistake.
There might be a strike.
There can be a lot of rain at this time of the year.
There should be a bus in five minutes.
There'll be trouble when he finds out!

There is/there are *kann auch mit Hilfsverben benutzt werden:*
there *+ Hilfsverb +* ***be***

There isn't enough room, **is there**?
– Oh yes, I think **there is**.

In Kurzfragen und Kurzantworten wird ***there*** *wieder aufgenommen.*

this, that, these, those

this ➡ ○	**these** ➡ ○○○○○
that ➡ ○	**those** ➡ ○○○○○

This, that, these, those *können vor Sachen/Personen stehen. Sie können allein stehen, wenn klar ist, wovon man spricht.*

Beispiele

Does **this bus** go to Victoria, please?
Does **this** go to Victoria?

These strawberries are delicious.
These are delicious.

This is the life!
These science fiction films are a waste of money.

This *und* ***these*** *werden benutzt, wenn dem Sprecher Dinge räumlich oder geistig nah sind oder so empfunden werden.*

How much is **that dress** please?
How much is **that** please?

A pound of **those tomatoes** please.
A pound of **those** please.

That was lucky! I didn't expect **that**.
That kind of person really annoys me.
Is **that** all?

That *und* ***those*** *werden benutzt, wenn für den Sprecher Dinge räumlich oder geistig weiter entfernt sind oder so empfunden werden.*

that, who, which

The car **that** was parked outside has gone. – *Das Auto, das draußen parkte, ist weg.*

Beispiele

That, who *und* ***which*** *leiten Satzteile ein, die uns mehr Informationen über die Sache oder Person geben:*

The woman **that** lives next door is very friendly.
– mehr Informationen über die Frau

Could I speak to the doctor **that** I saw yesterday please?
– mehr Informationen über den Arzt

The essay **that** won the prize was written by a German student.
– mehr Informationen über den Essay

Im gesprochenen Englisch ist ***that*** *häufiger als* ***who*** *und* ***which.***
Im schriftlichen Englisch steht ***who*** *bei Personen,* ***which*** *meist bei Sachen.*

The person **who** told me had been there himself.
It was the blue car **which** caused the accident.

Hier stehen ***that, who, which*** *vor einer Person und einem Verb. In diesem Fall werden sie häufig ausgelassen.*

The man **who** I saw yesterday told me to come at ten o'clock.
The man I saw yesterday told me to come at ten o'clock.

Can I collect the coat **that** I brought in last week, please?
Can I collect the coat I brought in last week, please?

Test Yourself

1. Erkennen

Adjektiv oder Adverb? Sortieren Sie.

He is a fast runner.
Great, that was very well done!
When Mrs Marple arrived she went straight to the manager.
The job was easy for Robert to do.
God, I've been working hard this week!
Look, that painting job is very badly done!
The flight was 15 minutes early.
Matt was driving carefully because of the snow.

Adjektiv: ______________________________

____

Adverb: ______________________________

____

2. Ergänzen

Ergänzen Sie die fehlenden Formen.

________	– easier	– ________
careful	– ________	– ________
________	– better	– ________
early	– ________	– ________
sensible	– ________	– ________
hard	– ________	– ________
________	– worse	– ________
expensive	– ________	– ________

3. Ordnen

Bringen Sie in die richtige Reihenfolge.

at the canteen / have / we / lunch / sometimes

We sometimes have lunch at the canteen.

was / carefully / driving / very / Mrs Mapplethorpe

____

have / to the East End / been / I / never

____

go / usually / to the pub / we / on Friday evenings

____

came / he / round the corner / slowly

____

Fred / in the morning / has / coffee / never

____

Lösungen

1. Adjektiv: fast, easy, early
Adverb: very well, straight, hard, very badly, carefully

2. easy – easier – easiest
careful – more careful – most careful
good – better – best
early – earlier – earliest
sensible – more sensible – most sensible
hard – harder – hardest
bad – worse – worst
expensive – more expensive – most expensive

3. Mrs Mapplethorpe was driving very carefully.
I have never been to the East End.
We usually go to the pub on Friday evenings. *oder:*
On Friday evenings we usually go to the pub.
He came slowly round the corner.
Fred never has coffee in the morning.

Präpositionen

Englische Präpositionen haben häufig unterschiedliche Entsprechungen im Deutschen. Für die Verwendung von Präpositionen gibt es keine Regeln, sie sollten nach und nach mit den dazugehörigen Wörtern gelernt werden.

Präpositionen können z. B. stehen:

about
Tell me **about** your family.
What are you thinking **about**?
– vor dem Thema einer Unterhaltung, eines Buches usw.

at
at home, **at** school, **at** work
at the cinema, **at** the end of...
– in bestimmten Ausdrücken

by
It was written **by** William Golding.
I was shocked **by** what she told me.
– vor der Person oder Sache, die etwas getan hat

We went there **by** train.
– vor Verkehrsmitteln

for
Let's go **for** a cup of coffee.
This machine's **for** peeling potatoes.
– vor einer Absicht oder einem Verwendungszweck (auch mit ***-ing****-Form);*

We were there **for** three weeks.
I haven't seen you **for** ages.
– vor einem Zeitraum

from
Where is he **from**?
They come **from** Sri Lanka.
– vor Herkunftsangaben

with
Would you like to stay **with** us?
– vor Ausdrücken des Zusammenseins

He cut himself **with** his pen-knife.
– vor Werkzeugen und Instrumenten

Zeitliche Präpositionen

on	Friday Wednesday morning Wednesday night the sixteenth of March Christmas Day	*bei Wochentagen, Tageszeiten, Datumsangaben, besonderen Tagen*
at	two o'clock Christmas lunchtime the weekend night	*bei Uhrzeiten, Festtagen, Mahlzeiten, bestimmten Ausdrücken*
in	spring 1947 August the morning the evening	*bei Jahreszeiten, Jahren, Monaten* *Statt* ***in*** *kann manchmal* ***during*** *stehen.* ***In the night*** *ist sehr selten,* ***during the night*** *ist üblicher.*

Zeiträume

for three weeks	*Zeitraum von bestimmter Dauer*
in three weeks	*ab jetzt*
three weeks **ago**	*vom jetzigen Zeitpunkt aus rückwärts gesehen (**ago** wird nachgestellt)*

Bei Zeitangaben bezeichnen die meisten Präpositionen einen Zeitraum und nicht einen Zeitpunkt.

Beispiele

at 2 o'clock

We arrived **at** 2 o'clock.

before 2 o'clock

The doctor can't see you **before** 2 o'clock.

until 2 o'clock = not before 2

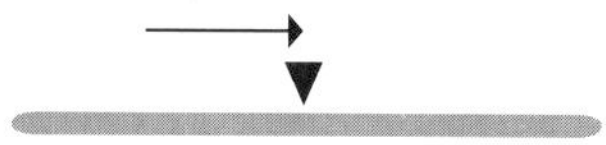

I won't be there **until** 2 o'clock.

since 2 o'clock

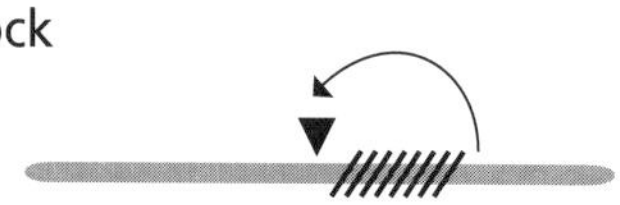

I haven't seen her **since** 2 o'clock.

about 2 o'clock

We'll be there **about** 2 o'clock.

after 2 o'clock

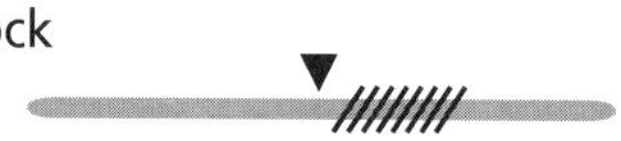

I'll be in my office **after** 2 o'clock.

by 2 o'clock = any point before or at 2

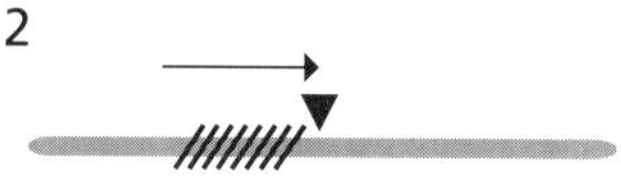

Will we be there **by** 2 o'clock?

from 2 o'clock

They are open **from** 2 o'clock.

Räumliche Präpositionen

Ort

Beispiele

at

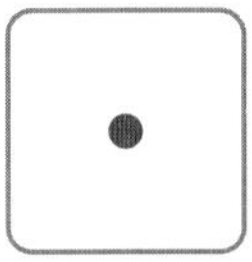

He lives **at** number five. *(»in«)*
I'll meet you **at** the station. *(»an/am«) → genaue Ortsangabe*

in

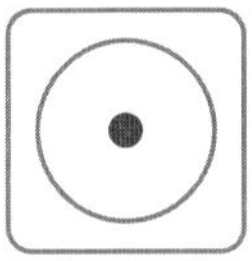

We live **in** England.
He lives **in** Baker Street.
Were you **in** the pub last night?
(»in«)

on

I'll meet you **on** the platform.
There's some coffee **on** the shelf.
(»auf«)

under

She hid the letter **under** the book.
(»unter«)

in front of

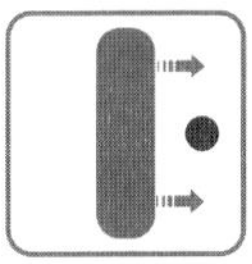

I'll see you **in front of** the Town Hall. *(»vor«)*

behind

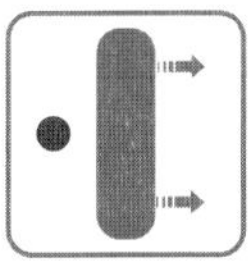

Grace Road is **behind** the bus station. *(»hinter«)*

next to

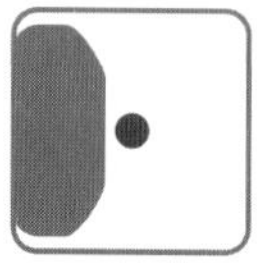

We live **next to** the post office. *(»direkt neben«)*

beside

Can I sit **beside** you? *(»neben«)*

between

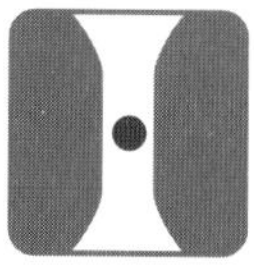

We live **between** Queen's Road and the sea. *(»zwischen«)*

in the middle of

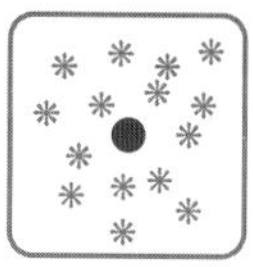

The bus station is **in the middle of** town. *(»mitten in«)*

among

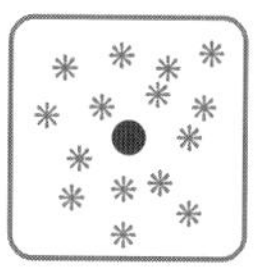

I found this scarf **among** some old clothes. *(»unter/zwischen«)*

opposite

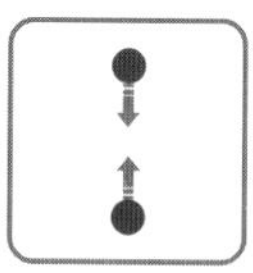

There's a bus stop directly **opposite** the entrance. *(»gegenüber«)*

above

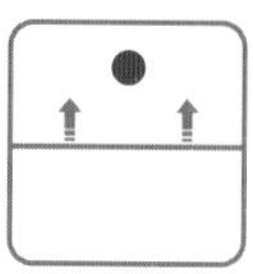

Our flat is **above** the baker's. *(»über«)*

below

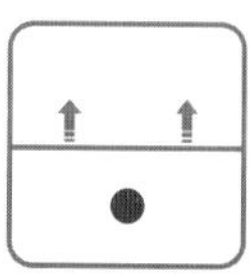

The baker's is **below** our flat. *(»unter«)*

by

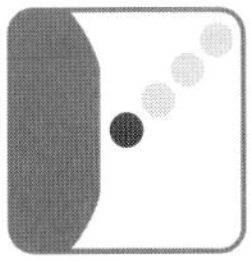

I'll be standing **by** the ticket office. *(»an/neben«)*

near

Is there a bank **near** the station? *(»in der Nähe von«)*

not far from

I walk to college because it's **not far from** home. *(»nicht weit von«)*

a long way from

We live **a long way from** the shops. *(»weit entfernt von«)*

Richtung

up

Go **up** this road then turn left. *(»hinauf«)*

down

Karen fell **down** the stairs. *(»hinunter«, »herunter«)*

out of

Can you get the eggs **out of** the fridge, please. *(»aus«)*

into

I saw him getting **into** a taxi.
(»in ... (hin)ein«)

past

He walked straight **past** me with-out speaking. *(»an ... vorbei«)*

onto

The cat jumped **onto** her knee.
(»auf«)

off

It fell **off** the table and broke.
(»von ... herunter«)

round

I'm tired - I've walked **round** town today. *(»in ... herum/durch«)*

back to

Can we go **back to** the theatre please – I've forgotten my coat.
(«zurück zu«)

through

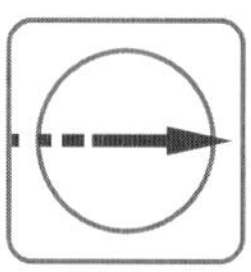

I hate driving **through** the town at this time of the day.
(»durch«)

along

They walked **along** the beach.
(»entlang«)

over

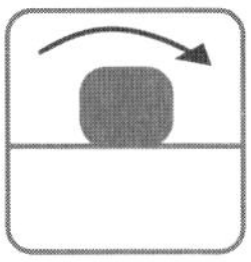

I tripped **over** a stone on the pavement. *(»über«)*

under

The cat ran **under** the car. *(»unter«)*

to

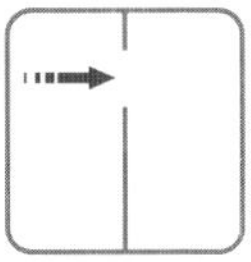

They rushed **to** the door. *(»zu«, »zum«, »zur«)*

towards

She ran **towards** the exit. *(»in Richtung«, »hin zu(m)«)*

across

He ran **across** the road. *(»quer über«)*

Konjunktionen

Beispiele

Konjunktionen fügen zwei Sätze oder Satzteile zusammen.

The class was boring, **so** I left.
The rent is too high, **so** we are moving.

*– **So** im zweiten Teil eines Satzes gibt hier ein Ergebnis an (»deshalb«).*

I need a nursery place **so that** I can go to work.
You'd better write it down **so that** you don't forget.

*– **So that** gibt hier einen Zweck an (»damit«).*

I'll do it **if** you help me.
She's going to change her job **if** she can.
If anyone rings, please ask them to call back.

*– **If** gibt eine Bedingung an (»wenn«, »falls«).*

Although he's got good qualifications, he can't get a job.
I'm going to get one, **although** they are very expensive.

*– **Although** stellt zwei Aussagen gegeneinander (»obwohl«).*

Because we were late, we took a taxi.
I didn't come **because** it was raining.

*– **Because** gibt einen Grund an (»weil«).*

Zeitliche Konjunktionen:

The lorry hit us **as** we were turning the corner. — *»als«*
I'll tell her **when** I see her. — *»wenn«*
They arrived **while** we were trying to phone them. — *»während«*
Where have you been living **since** you came to England? — *»seit(dem)«*
Could you keep an eye on things **until** I get back, please? — *»bis«*
I hope he gets here **before** the train leaves. — *»bevor«*
I'll see you here **after** I've been to the bank. — *»nachdem«*
Phone us **as soon as** your plane gets in. — *»sobald«*

Because we were late, we took a taxi.
We took a taxi **because** we were late.

If she comes, I'll tell her.
I'll tell her **if** she comes.

__Because__- und __if__-Sätze können vorn oder hinten stehen.

Satzstellung

Subjektteil	Verbteil
You	know.
The flight	was cancelled.

Englische Sätze bestehen mindestens aus 1. einem Subjektteil (wer/was tut etwas?), 2. einem Verbteil (was passiert?). Der Subjektteil steht vor dem Verbteil. Der Verbteil kann aus einem einfachen Verb oder aus Hilfsverben plus Vollverb bestehen (vgl. S. 9).

Subjektteil	Verbteil	Ergänzung
She	plays	the guitar.
They	went	to see Monica.
We	arrived	late at night.
I	'll travel	by train.

Neben den Subjekt- und den Verbteil tritt hier eine Ergänzung. Sie kann Antwort geben auf die Fragen wen? was? wo? wie? usw.

Ergänzung			Ergänzung
Last night	we	saw	a fox.
In England	pubs	close	at 11 p.m.

Die wann?– oder wo?– Ergänzung zu Zeit oder Ort kann auch an den Anfang treten. Eine zweite Ergänzung kann dann am Ende stehen. Der Subjektteil bleibt aber vor dem Verbteil.

I arrived **at London Heathrow at 6.15 p.m.**
We met **at the airport lounge a few minutes later.**

Bei den Ergänzungen am Ende steht Ort (wo? wohin?) vor Zeit (wann?).

Test Yourself

1. Erkennen

Tragen Sie die vorkommenden Konjunktionen (»Satzverbinder«) danach ein, was sie ausdrücken.

Did you get to the bank before it closed?
He went round the wrong way although she had explained it to him a thousand times.
If I was you I'd never give up!
Jerry was smoking one cigarette after another while Sue was on the phone.
We took a taxi because the underground didn't come.
Can you give me your passport so that I can do it for you?

Bedingung: ___________

Grund: ___________

Gegensatz: ___________

Zweck: ___________

Zeit: ___________

2. Kombinieren

Verbinden Sie die passenden Halbsätze.

When they got off the tube	although she had often told him she needed her sleep.
Sarah couldn't make it to the party	it was raining like mad.
He came round in the middle of the night	the children are still in bed.
Please phone me from the station	so that I can pick you up.
Sue and Mary got back home	before it was dark.
When Greg leaves in the morning	because her car broke down.

3. Einsetzen

Setzen Sie die richtige Präposition ein.

Where's Brendan? I haven't seen him ________ weeks.

He lives ________ number 10.

Jean could recognize Mary ________ the passengers because of her red coat.

So I'll pick you up ________ the airport ________ 5.30, will that be alright?

It was so warm we slept outside with lots of stars ________ us.

There is a path ________ the river.

Did you see the girl that just walked ________ us?

Lösungen

1. Bedingung: if
Grund: because
Gegensatz: although
Zweck: so that
Zeit: before, while

2. When they got off the tube it was raining like mad.
Sarah couldn't make it to the party because her car broke down.
He came round in the middle of the night although she had often told him she needed her sleep.
Please phone me from the station so that I can pick you up.
Sue and Mary got back home before it was dark.
When Greg leaves in the morning the children are still in bed.

3. for, at, among, from, at, above, along, past

Zahlen

	Wie viel?	Der Wievielte?
1	one	first
2	two	second
3	three	third
4	four	fourth
5	five	fifth
6	six	sixth
7	seven	seventh
8	eight	eighth
9	nine	ninth
10	ten	tenth
11	eleven	eleventh
12	twelve	twelfth
13	thirteen	thirteenth
14	fourteen	fourteenth
15	fifteen	fifteenth
16	sixteen	sixteenth
17	seventeen	seventeenth
18	eighteen	eighteenth
19	nineteen	nineteenth

	Wie viel?	Der Wievielte?
20	twenty	twentieth
21	twenty-one	twenty-first
22	twenty-two	twenty-second
30	thirty	thirtieth
40	forty	fortieth
50	fifty	fiftieth
60	sixty	sixtieth
70	seventy	seventieth
80	eighty	eightieth
90	ninety	ninetieth
100	one hundred	hundredth
200	two hundred	two hundredth
1,000	one thousand	thousandth
1,000,000	one million	millionth

	gesprochen
1/2	a half
1/4	a quarter
3/4	three quarters
1 1/2	one and a half
1/6	one sixth

	gesprochen
.5	point five
.25	point two five
.75	point seven five
1.5	one point five

Zeitangaben

Beispiele

Have you the time, please?
What time is it, please?
– It's twenty-five to seven.

It's	exactly just about nearly	three o'clock.

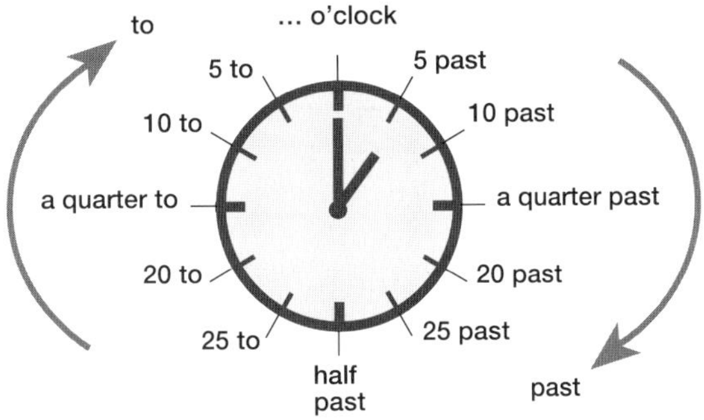

What time does it start?
What time does the York train leave?
– It leaves at **six forty-seven**.
– There's a train at **fifteen forty**.

Fahrplanzeiten können in 12er- oder 24er-Rechnung angegeben werden.

The meeting will start at **9 a.m.**
Shall we say **5 p.m.**?
I'll see you about **sixish**.

a.m. *= Vormittag*
p.m. *= Nachmittag*
Mit dem Anhängen von ***-ish*** *machen Sie ungefähre Zeitangaben (»gegen 6«).*

Days
Monday
Tuesday
Wednesday
Thursday
Friday
Saturday
Sunday

Seasons
spring
summer
autumn
winter

Months
January
February
March
April
May
June
July
August
September
October
November
December

	gesprochen
15th July	the fifteenth of July
21.4.54	the twenty-first of April, nineteen fifty-four

Vergangenheit

a long time ago
six or seven years ago
a few years ago
a couple of years ago
eighteen months ago
last year
a few months ago / weeks ago
recently
the other week
last week
a few days ago
the other day
the day before yesterday
yesterday evening
last night
this morning
a minute ago

Gegenwart

now

Zukunft

in the morning
tomorrow morning
tomorrow
the day after tomorrow
in a day or two
in a couple of days
next Saturday
next Sunday evening
in a few days time
soon
next week
a week on Thursday
next month
in a few weeks time
next year
in a couple of years

Vor- und Nachsilben

unmarried	*unverheiratet*
non-smoker	*Nichtraucher*
anti-American	*antiamerikanisch*
pro-American	*proamerikanisch*
pre-war	*Vorkriegs-*
post-war	*Nachkriegs-*
ex-President	*ehemaliger Präsident*
re-start	*wieder starten*
misunderstand	*missverstehen*
over-confident	*allzu selbstbewusst*

dark	*dunkel*	dark**ness**	*Dunkelheit*
wash	*waschen*	wash**able**	*waschbar*
bright	*hell*	bright**en**	*aufhellen*
home	*Wohnung*	home**less**	*wohnungslos*
hope	*Hoffnung*	hope**ful**	*hoffnungsvoll*
young	*jung*	young**ish**	*relativ jung*

Ausspracheregeln

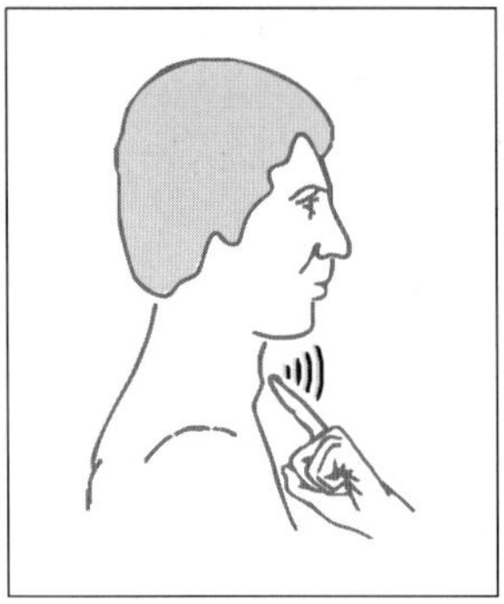

[b] **b**in, [v] **v**iew, [ð] **w**ith, [d] sai**d**,
[z] **z**ero, [ʒ] televi**s**ion, [dʒ] bri**dg**e,
[g] **g**o, [m] **m**en, [n] **n**ow, [ŋ] si**ng**,
[l] **l**ong, [r] **r**ed

Es gibt zwei Arten von Konsonanten (»Mitlauten«) im Englischen:
- *»stimmhafte« Sie fühlen eine Vibration.*

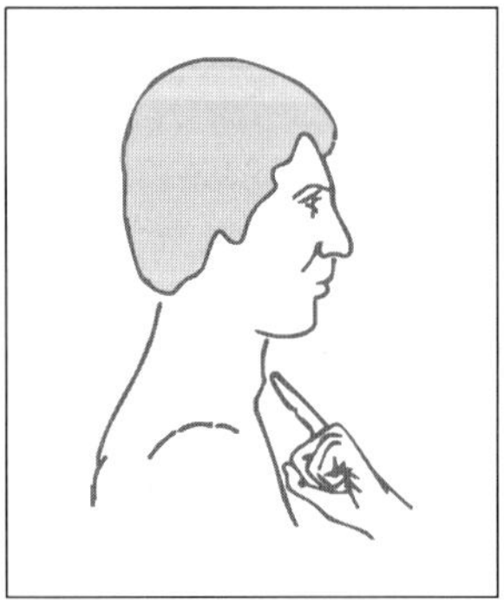

[p] **p**in, [f] **f**ew, [θ] **th**ink, [t] se**t**,
[s] **s**ay, [ʃ] fi**sh**, [tʃ] chur**ch**, [k] **c**ome,
[h] **h**ouse, [j] **y**ellow, [w] **w**ear

- *»stimmlose« Sie fühlen keine Vibration.*

Aussprache des »-ed« im Past Simple

walk**ed**	*wie t in »Takt« nach stimmlosen Lauten (p, f, ss usw.)*
open**ed**	*wie d in »Ende« nach stimmhaften Lauten (b, v, g usw.)*
wait**ed**	*wie id in »Widder« nach t oder d*

Aussprache des »-s« in der 3. Person im Present Simple

wait**s**	*wie ss in »nass« nach stimmlosen Lauten*
open**s**	*wie s in »Sahne« nach stimmhaften Lauten*
pass**es**, los**es**, wash**es**, watch**es**, judg**es**	*wie is mit weichem -s am Ende nach* [s], [z], [ʃ], [tʃ], [dʒ]

Aussprache von Mehrzahlformen

book**s**, cup**s**	*Regeln wie bei* **-s** *in der 3. Person: wie ss in »nass« nach stimmlosen Lauten*
game**s**, boy**s**	*wie s in »Sahne« nach stimmhaften Lauten*
bus**es**, hous**es**, wish**es**, judg**es**	*wie is mit weichem -s am Ende nach stimmlosen Lauten* [s], [z], [ʃ], [tʃ], [dʒ]

Rechtschreibung

Besitzangaben

Ravi's car is a Ford. Whose bag is this? – It's **Jean's**.	*In der Einzahl wird* **'s** *angehängt.*
The **children's** room is on the left.	*Bei unregelmäßigen Mehrzahlformen wird wie in der Einzahl* **'s** *hinzugefügt.*
The **boys'** room is at the top of the stairs. The **students'** work wasn't very good.	*Bei regelmäßiger Mehrzahl wird ein Auslassungszeichen an das Mehrzahl-***s** *angehängt.*

Sonderregeln

watch – wat**ches** box – bo**xes** tomato – tomat**oes**	*Nach* **-ch**, **-sh**, **-x**, **-s**, **-o** *tritt ein* **e** *vor das Mehrzahl-***s.**
like – lik**ed** nice – nic**er** late – lat**est**	*Endet eine Grundform auf* **-e**, *tritt bei* **-ed**, **-er**, **-est** *kein zusätzliches* **e** *hinzu.*
fly – fl**ie**s	**-y** *wird zu* **-ie** *vor* **-s**.
try – tr**ie**d easy – eas**ie**r lazy – laz**ie**st happy – happ**ily**	**-y** *wird zu* **-i** *vor* **-ed**, **-er**, **-est**, **-ly**.
begin – begi**nn**er big – bi**gg**er stop – sto**pp**ing permit – permi**tt**ing	*Nach kurzem* **a, e, i, o, u** *wird der folgende Konsonant (»Mitlaut«) vor* **-er**, **-est**, **-ing** *oder* **-ed** *verdoppelt.*

Amerikanisches Englisch – Britisches Englisch

Das amerikanische Englisch (AE) hat einige Eigenarten, die inzwischen wieder auf das britische Englisch (BE) zurückwirken. Über die Medien und durch direkte Kontakte werden in erster Linie Wörter aus dem amerikanischen Englisch ins britische Englisch »zurückimportiert«. Außerdem gibt es Unterschiede in Schreibweise und Grammatik.

Wörter

BE	**AE**
autumn	fall
bill	check
the cinema	the movies
fellow, chap	guy
ground floor	first floor
holiday(s)	vacation
motorway	freeway
petrol	gas
shop	store
underground	subway

Rechtschreibung

BE	**AE**
travel – travelling	travel – trave**ling**
dial – dialling	dial – dia**ling**
centre	cent**er**
theatre	theat**er**
colour	col**or**
neighbour	neighb**or**
catalogue	catal**og**
defence	defen**se**
programme	progr**am**

Grammatik

BE: I **have** never **gone** to Hawaii.
AE: I never **went** to Hawaii.

BE: **Have** you **seen** my coat?
AE: **Did** you **see** my coat?

Wo im BE Present Perfect steht, kann im AE oft Past Simple stehen (vgl. S. 46).

BE: **Have you got** a pen on you?
AE: **Do you have** a pen on you?

*Die im BE normale Frage mit **have got** wird im AE oft (aber nicht immer) durch **Do you have**... ? ersetzt.*

Sprechintentionen

einen Rat geben

I'd complain **if I were you.**
You ought to take a couple of days of.

__Ought to__ ist stärker und drückt Objektivität aus.

zustimmen

I'm looking forward to the weekend.
– **So am I.**

Das Hilfsverb wird in der Antwort wiederholt.

I love chocolate.
– **So do I.**

Wenn kein Hilfsverb steht, wird in der Antwort __do__ benutzt.

I don't like football on television.
– **Neither do I.**

Wenn jemand eine verneinte Aussage macht, stimmt man ihr mit __neither__ + nicht verneintem Hilfsverb zu.

sich entschuldigen

I'm sorry.
– **I'm sorry.**

Keiner hat Schuld, beide sagen das Gleiche.

I AM sorry.
– That's quite all right.

Betonung auf __am__, deutliche Entschuldigung

Excuse me, could you change a pound please?

Sie wenden sich an jemanden, weil Sie Hilfe benötigen.

Excuse me, please.

Sie möchen an jemandem vorbei.

Have you got the tickets yet?
– **I'm afraid not.**

Could I speak to John please?
– **I'm afraid** he's out at the moment.

Mit __I'm afraid__ klingt eine ablehnende oder verneinte Antwort freundlicher.

um etwas bitten

A pound of apples, **please.**
Could you pass the salt, **please.**

Ohne __please__ klingen diese Sätze unfreundlich.

jemanden bitten etwas zu tun

Could you spell it, **please**.
Will you ask him to ring me, **please**.

*Am Ende steht unbedingt **please**.*

Would you mind open**ing** the door, **please**.

*Bei Personen, die einem nicht bekannt sind, wird die noch höflichere Formel **would you mind... -ing** benutzt.*

um Erlaubnis bitten

May I use your phone?

Do you mind if I smoke?
– I'd rather you didn't.

persönliche Bitte

Is it all right if I park here?
– No, I'm afraid parking isn't allowed.

Frage nach Einhalten von Bestimmungen

korrigieren

I think you've made a mistake.
I think it should be $2.80, not $3.80.

***I think** macht den Widerspruch akzeptabler.*

I think it was 1982, **wasn't it**?
I think the train goes at ten past, **doesn't it**?

Oft tritt ein Frageanhängsel hinzu (siehe S. 81).

Einladungen

Would you like to have lunch with us?
– Oh thank you, I'd love to.
– That's very kind of you, but I'm afraid I can't.

etwas anbieten, Hilfe anbieten

Would you like a cake?
– Thank you. I'd love one.

etwas anbieten (z. B. Essen und Trinken)

Let me carry that for you.
We'll do the washing up.
Shall we pick you up at the station?

seine Hilfe anbieten

Can I give you a hand?
– Thank you. That's very kind of you.
– It's all right thank you. I can manage.

allgemeines Hilfsangebot

Have a cake!
Help yourself.

Aufforderung mit der »Befehlsform«

ablehnen etwas zu tun

I won't work on that machine. It's dangerous.
He won't tell me.

*Mit **won't** drückt jemand aus, dass er oder sie etwas nicht tun will.*

einen Vorschlag machen

Why don't you get a taxi?
You could send it air mail.
Let's go now or we'll be late.

Nützliche Redewendungen

Verständigung regeln

Could you say that again please?
What does this mean?
Could you speak slowly please?
How do you spell...?

nach dem Weg fragen

Excuse me, could you tell me where... is, please?
Turn left/right.
Take the (second) turning on the left/right.
It's on the left/right.
It's straight ahead.
Go straight along/down/up here.

nach der Uhrzeit fragen

Have you the time, please?

jemand fährt weg

Have a good holiday.
Have a good trip.
Have a safe journey.

sich vorstellen

I don't think we've met before.
I'm...

telefonieren

May I speak to... , please?
– Speaking.
Just a moment, please.
Can I take a message?
I'll ask him/her to ring you.
Sorry. I've got the wrong number.

jemandem Grüße ausrichten lassen

Give my regards to...
Say hello to...

zum Geburtstag

Happy birthday!
Many happy returns.

an/kurz nach Neujahr

Happy New Year.
– Thank you. The same to you.

jemand hat eine Prüfung bestanden, eine Stelle gefunden o.Ä.

Congratulations!

Index